무인 항공기
드론
아두이노를 만나다!

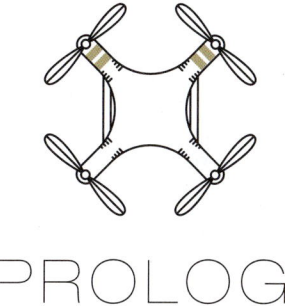

PROLOG

인류 비행의 역사

시작하는 말

❈ 비행기의 기원

  그리스 신화 중 이카로스(Icaros)에 관한 이야기를 들어 본 적이 있는가?
  뛰어난 건축가이자 발명가인 다이달로스는 미노스 왕의 초청으로 크레타 섬을 방문하여 왕의 시녀와의 사이에서 아들 이카로스를 낳았다. 이때, 미노스는 바다의 신 포세이돈에게 하얀 황소를 바치기로 약속하였으나 이를 어겼고, 분노한 포세이돈은 크레타의 왕비 파시바에게 황소를 보내 사랑에 빠지게 하였다. 그리고 파시바는 상체는 황소, 하체는 사람인 미노타우로스를 낳았다. 그는 태어나자마자 사람을 닥치는 대로 잡아먹었고, 미노스는 그러한 미노타우로스를 가두

● 그리스 신화 이카로스의 이야기를 그린 그림

기 위해 다이달로스에게 미궁 "라비린토스"를 만들게 하여 그를 가두었다. 그리고 이 다이달로스가 미노타우로스의 출생을 도왔다는 사실을 알게 된 미노스 왕은 분노하여 다이달로스와 그의 아들 이카로스 역시 미궁에 가두었다.

다이달로스가 설계한 라비린토스 미궁은 길을 찾아 탈출하는 것이 불가능하게 설계되어 오직 하늘로만 탈출할 수 있었다. 이를 위해 다이달로스는 밀랍과 깃털을 이용하여 날개옷을 만들어 그리스의 에게 해를 통해 탈출을 감행한다. 이때 다이달로스는 아들 이카로스에게 너무 높이 날면 태양열로 인해 밀랍이 녹아서 추락하니 높이 날지 말라고 당부하였다. 하지만 이카로스는 비행이 너무 즐거운 나머지 하늘 위로 높이 날았고, 곧 추락하여 죽게 되었다.

그 뒤 르네상스 시대의 천재 레오나르도 다빈치(Leonardo Da Vinci)는 새의 날개 모양을 본떠 기계를 설계하고 제작하여 하늘을 날고자 하였다. 프랑스의 몽골피에 형제는 1783년 6월 4일 프랑스의 소도시 앙노네(Annonay)의 광장에서 처음으로 열기구 비행에 성공하였다. 첫 열기구는 약 790㎥의 공기를 포함하여 약 225Kg의 무게였다. 이후 1783년 8월 27일에는 프랑스의 바크샤를스와 로버트 형제가 세계 최초로 무인 수소 풍선 비행에 성공하기도 하였다.

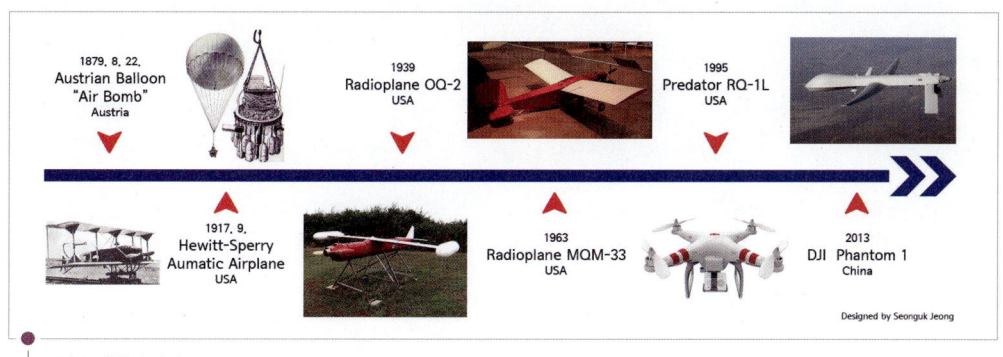

인류 비행의 역사

비행기의 발명

현대적인 형태의 비행기는 "비행기의 아버지"로 불리는 조지 케일리 경(Sir George Cayley)에 의해 만들어졌다. 그는 비행기에 적용할 수 있는 물리 법칙을 수년간 연구하였으며, 이를 토대로 글라이더를 제작하여 1852년에 첫 비행에 성공하였다. 조지 케일리 경은 비행기 날개와 동체에 작용하는 다양한 물리 현상을 과학적으로 조사하였으며, 이 연구 업적은 후에 인류가 자유롭게 하늘을 날아다닐 수 있는 계기가 되었다. 인류 최초로 동력 비행에 성공한 비행기는 미국의 항공 우주 공학자인 새뮤얼 랭글리(Samuel Pierpont Langley, 1834. 8. 22. ~ 1906. 2. 27.)가 제작한 Aerodrome No. 5이다. 1896년 5월 6일, 새뮤얼 랭글리는 조그마한 엔진을 탑재하고 사람이 탑승하지 않은 채 Aerodrome No. 5로 40Km/h의 속도로 약 700m에서 1,005m를 비행하였다.

새뮤얼 랭글리의 Aerodrome

인류 최초의 유인 동력 비행기인 라이트 형제의 Flyer-1

이후 인류 최초의 유인 동력 비행에 성공한 사람은 바로 라이트 형제이다. 라이트 형제는 직접 풍동 실험기(Wind Tunnel)를 만들어 비행기 모형을 시험할 정도로 비행에 대한 열정이 있었다. 그는 결국 1903년 12월 17일 미국 노스캐롤라이나 주(North Carolina)의 키티호크(Kitti Hawk) 지역의 킬 데빌 언덕(Kill Devil Hills)에서 인류 최초로 공기보다 무겁고 동력을 탑재한 채 자유롭게 조종할 수 있는 유인 비행을 성공하였다. 고작 12초간 약 37m를 비행하는 데 그쳤지만, 이는 인류의 항공 역사에서 중요한 전환점이 되었다. 이때를 기점으로 비행기가 인류의 역사에 전면적으로 등장하게 된다.

헬리콥터, 멀티로터 등과 같은 회전익 항공기도 이 시기에 등장하였다. 이탈리아 밀라노의 발명가인 엔리코 포를라니니(Enrico Forlanini, 1848~1930)는 증기 엔진을 이용하여 약 20초간 13m 높이까지 초기 형태의 헬리콥터를 비행시키는 데 성공하였다. 사람이 탑승하는 첫 회전익 항공기는 1907년 브레게-리셰 자이로 플레인(Breguet-Richet Gyroplane)이다. 하지만 고정익 항공기에 비해 회전익 항공기는 공기 역학적 특성상 매우 불안정하여 정상적으로 비행할 수 없었다.

역설적이게도 제1차 세계 대전은 항공기가 눈부시게 발전하게 되는 계기가 되었다. 초기의 항공기는 대부분 날개가 두 개 이상 겹쳐져 있는 복엽기였으며 넓은 면적으로 인해 저속 안정성은 뛰어났으나, 느린 속도와 약한 내구성이 단점이었다. 따라서 전쟁에서의 비행기는 총알이 닿을 수 없는 높은 고도에서 적진을 정찰하거나 수류탄과 같은 작은 폭탄을 떨어뜨리는 정도의 임무만 수행할 수 있었다. 그로 인하여 군사적인 가치가 높은 이 비행기를 잡는 비행기, 즉 전투기가 등장하게 된다. 초기 전투기는 단순히 복엽기에 기총을 거치하여 상대 항공기에게 발포하는 형태의 단순한 무장을 갖추었으나, 제1차 세계 대전 이후 속도가 빠른 단엽기가 등장하게 되면서 점차 다양한 무장과 성능을 갖추게 되었다.

더 큰 비극인 제2차 세계 대전에서는 인류 최초로 가스 터빈 엔진(제트 엔진)을 장착한 전투기가 등장하였다. 독일의 항공 공학자 한스 폰 오하인(Hans Von Ohain)은 세계 최초로 제트 엔진을 탑재한 항공기 하인켈(Heinkel) HeS 3를 제작하여 비행에 성공하였으며, 영국의 항공 공학자인 프랭크 휘틀(Frank Whittle) 또한 제트 엔진을 제작하여 1941년 5월 15일 Gloster E.28/39라는 항공기에 탑재하여 비행에 성공하였다. 제트 엔진이 등장함으로써 항공기의 성능은 눈부시게 발전하기 시작한 것이다. 이후 한국 전쟁을 통해 본격적으로 제트 전투기의 시대임을 확인하는 계기가 되었다. 미군의 제트 전투기인 P-86 세이버(Sabre)와 소련의 제트 전투기 미그(MiG-15)가 대표적이다.

제2차 세계 대전 당시 영국의 주력기 Spitfire

영국 최초의 제트 전투기 Gloster Metoer

한국 전쟁 이후 눈부시게 발전한 제트 엔진은 인류 비행의 역사를 이끌어 왔다. 이 중 1960년대에 미국의 엔진 제조회사 Pratt & Whitney 사가 제작한 JT8D 엔진은 터보 제트 엔진에 커다란 팬(Fan)을 붙여서 엔진의 효율과 출력을 높이는 터보 팬(Turbo Fan) 엔진으로서, 군용 항공기와 상업용 항공기 모두 널리 쓰이게 되었다. 이후 제트 엔진은 고정익 항공기와 회전익 항공기에 있어서 필수적인 동력원으로서 사용되고 있다.

Pratt & Whitney JT8D Engine

B-707에 설치된 JT8D 엔진

비행기의 발달

1960년대 이후 인류는 산업 혁명에 이어 또 다른 혁명인 전자 혁명을 맞이하였다. 비행기 역시 점차 디지털화되었고, 다양한 전자 장비가 등장하게 되었다. 비행기는 점점 커졌으며 탑재되는 장비 또한 점차 많아졌다. 이러한 문제를 해결하기 위해 필요한 승무원 숫자가 늘고, 이는 운영 비용의 상승을 초래하여 항공사의 부담이 되었다. 따라서 마이크로컴퓨터를 사용한 디지털 제어 시스템이 도입되었고, 이후 크고 무거운 유압식 조종 계통을 대체하기 위해 전기로 작동하는 모터가 많이 쓰이게 되었다. 결국 비행기는 점차 전기선을 통하여 신호를 보내거나 받아오는 경우가 많아졌는데, 이렇게 전선을 통하여 비행을 제어하는 것을 플라이 바이 와이어(Fly By Wire, FBW)라고 부른다. 최근에는 구리선이 포함된 무거운 전선을 대체하기 위하여 빛을 이용하여 조종하며, 이러한 시스템을 플라이 바이 라이트(Fly By Light, FBL)라고 한다.

결과적으로 눈부시게 발전한 항공·전자 기술은 값비싼 항공기의 가격을 점차 떨어뜨렸으며, 값싸고 특성이 좋은 트랜지스터와 센서가 개발되면서 저렴한 비행기도 등장하였다. 수천만 원을 호가하던 각종 센서와 전자 장비의 가격 하락으로 인해 드론과 같은 개인용 무인 항공기도 등장할 수 있었다. 현재 드론에 쓰이는 대부분의 기술은 인류 비행의 역사에 있어서 지속적으로 발전된 기술이 융합하여 적용된 것이다. 드론에 있어서 핵심 기술인 자세 측정 기술과 자동 제어 기술은 이미 1970년대에 등장하여 상업용, 군사용 항공기에 폭넓게 사용되었다. 최근에는 매우 뛰어난 성능을 발휘하는 마이크로 프로세서(MCU)를 사용하여 자율 비행, 탐사 활동 등과 같은 임무를 드론 스스로 수행하는 경우도 많아지고 있다. 앞으로는 전자 및 통신 기술이 더욱 발전하여 대기권을 비행하는 무인 항공기(드론)뿐만 아니라 우주에서도 스스로 비행할 수 있는 드론이 등장하게 될 것이다.

저렴한 항공 전자 공학(AVIONICS)의 등장

염가형 비행 제어 유닛

필수 용어

용어	설명
롤(Roll)	기체가 좌, 우 방향으로 기울어지는 동작
피치(Pitch)	기체가 앞, 뒤 방향으로 기울어지는 동작
요(Yaw)	기체의 수직 축(위, 아래 축)을 기준으로 좌, 우로 회전하는 동작
스로틀(Throttle)	모터(엔진)의 출력을 조절하는 장치 혹은 행위
프로펠러(Propeller)	회전 운동 에너지를 추진력으로 변환하는 장치
로터(Rotor)	회전 기계에서 회전하는 부분을 통틀어 이르는 말
비행 제어 유닛(Flight Control Unit, FCU)	기체의 비행을 총괄하여 제어하는 소형 컴퓨터
PID 제어기(PID Controller)	자동 제어기의 일종으로 비례(Proportional), 적분(Integral), 미분(Derivative)의 원리를 적용한 자동 제어기
바인딩(Binding)	드론 기체와 조종기를 서로 연결하는 작업
호버링(Hovering)	기체가 공중에서 가만히 정지하여 비행하는 것
전자 변속기(Electric Speed Controller, ESC)	모터의 회전 속도(출력)를 제어하기 위한 장치
자세 참조 시스템(Attitude Reference System, ARS)	가속도 센서, 자이로 센서의 정보를 융합하여 기체의 자세를 추정하는 장치
자세 및 방위 참조 시스템(Attitude & Heading Reference System, AHRS)	가속도 센서, 자이로 센서, 지자계 센서 등의 정보를 융합하여 기체의 자세와 방향을 추정하는 장치
FPV(First Person View)	기체의 전방에 소형 카메라를 달아 마치 1인칭 시점에서 비행하는 것처럼 보여 주는 장치
OSD(On Screen Display)	드론의 각종 비행 정보를 카메라 화면에 중첩하여 보여 주는 장치
항법(Navigation)	다양한 위치 추정 장치를 사용하여 자신의 위치를 추측하는 것
유도(Guidance)	자신의 위치 정보와 목적지의 위치 정보를 활용하여 경로(Path)를 결정하는 것
관성 측정 장치(Inertial Measurement Unit, IMU)	가속도, 각속도, 회전각 등 기체의 운동에 관한 모든 정보를 수집하는 장치
관성 항법 시스템(Inertial Navigation System, INS)	기체의 자세, 방위 등을 사용하여 자신의 위치를 추측하는 항법 시스템
위성 항법 시스템(Global Navigation Satellite System, GNSS)	GPS(Global Positioning System), 글로나스(GLONASS), 베이더우(北斗导航系统)와 같은 위성을 이용한 항법 시스템을 총칭하는 말
브러시리스 모터(Brushless DC Motor, BLDC Motor)	브러시(정류자)가 없고 영구 자석을 사용한 형태의 모터로 반영구적이고 높은 효율과 고출력을 낼 수 있는 고성능 모터
미세조정(Trimming)	기체의 미세한 오차를 보정하기 위한 미세 보정 작업
헤드리스 모드(Headless Mode)	사용자를 기준으로 좌측 혹은 우측으로 기체를 제어하는 모드

차례

시작하는 말

Chapter 1   인류 비행의 역사   004
Chapter 2   필수 용어   011

Part 1   무인 항공기, 드론의 개요

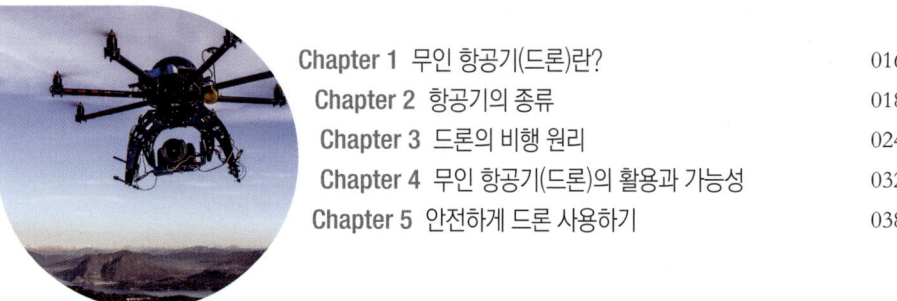

Chapter 1   무인 항공기(드론)란?   016
Chapter 2   항공기의 종류   018
Chapter 3   드론의 비행 원리   024
Chapter 4   무인 항공기(드론)의 활용과 가능성   032
Chapter 5   안전하게 드론 사용하기   038

Part 2   드론의 제작 이론

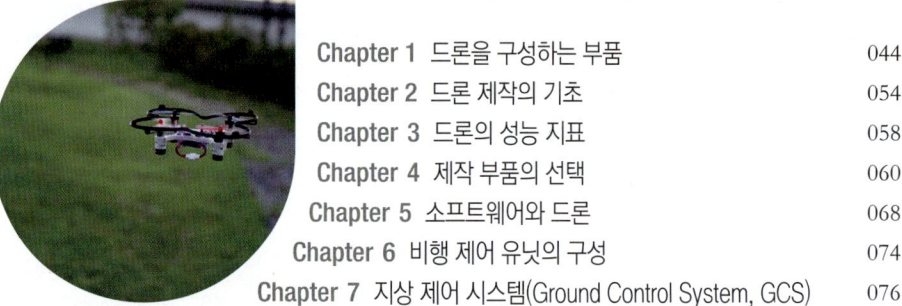

Chapter 1   드론을 구성하는 부품   044
Chapter 2   드론 제작의 기초   054
Chapter 3   드론의 성능 지표   058
Chapter 4   제작 부품의 선택   060
Chapter 5   소프트웨어와 드론   068
Chapter 6   비행 제어 유닛의 구성   074
Chapter 7   지상 제어 시스템(Ground Control System, GCS)   076

Part 3   드론 DIY

Chapter 1   교육 기자재 소개 및 개요   082
Chapter 2   에듀콥터의 비행 제어 소프트웨어   086
Chapter 3   비행하기   090
Chapter 4   드론 비행 시 주의 사항   094

Part 4 아두이노의 개념 이해

Chapter 1 임베디드 활용하기 — 100
Chapter 2 C 언어 배우기 — 108

Part 5 아두이노의 실습

Chapter 1 시리얼 통신을 이용한 블루투스 실습 — 116
Chapter 2 PWM 실습 — 122
Chapter 3 기울기 센서를 통한 밝기 조절 실습 — 126
Chapter 4 블루투스로 데이터를 주고받기 — 130
Chapter 5 드론 비행 프로그램의 업로드 — 140

Part 6 에듀콥터로 비행 즐기기

❖ 드론 조종하기 — 144
❖ 에듀콥터로 비행 즐기기 — 145

끝맺는 말 — 148

Part 1

무인 항공기, 드론의 개요

Chapter 1
무인 항공기(드론)란?

놀랍게도 무인 항공기의 역사는 인류 비행의 역사와 거의 일치하게 된다. 무인 항공기는 단어 그 자체의 뜻과 같이 "사람이 탑승하지 않고 비행하는 항공기"를 말한다. 따라서 라이트 형제의 유인 동력 비행 전에 수행하였던 수많은 동력 비행기들도 무인 항공기의 일부라고 할 수 있다. 무인 항공기는 보통 UAVs(Unmaned Aerial Vehicles) 혹은 UAS(Unmaned Aircraft System)라고 불리며 최근에는 드론(Drone)이라는 단어를 더 많이 사용하는데, 이것의 사전적 의미는 다음과 같다.

대표적인 공격용 무인 항공기 MQ-9B

● drone

1. (낮게) 웅웅거리는 소리
2. (일부 악기가 배경음으로 내는) 저음 ; 저음부
3. (일을 하지 않는) 수벌
4. 무위도식하는 자
5. (지상에서 조종하는) 무인 항공기

또 과학적·공학적 의미의 드론은 다음과 같이 정의한다.

사람이 탑승하지 않고(무인) 주어진 임무를 수행하는 무인 이동체

결국, 정해진 선을 따라가도록 프로그래밍 되어 있는 주행 로봇인 라인 트레이서도 드론의 일종이 된다. 뿐만 아니라 기존의 RC 비행기, RC 헬리콥터도 드론이라 할 수 있으며, 무인 로봇, 무인 자동차 또한 드론이라고 할 수 있다. 드론이라는 단어는 멀티로터형 무인기가 비행할 때 내는 특유의 윙윙거리는 소리가 벌이 내는 소리와 유사하여 붙여진 이름으로, 실제로 드론의 사전적 의미에서는 수벌을 의미한다.

이와는 달리 일반적인 의미의 드론은 여러 개의 모터와 프로펠러가 달린 형태의 비행 물체를 뜻한다. 특히 중국 DJI 사의 제품인 팬텀(Phantom) 시리즈가 크게 인기를 누리면서 드론이 대중화되었고, 드론의 대명사로 알려지면서 이러한 인식에 크게 영향을 주었다. 따라서 본 책에서는 "드론"이라는 단어를 포괄적으로 쓰이는 의미인 **멀티로터형 무인 항공기**로 간주하였다.

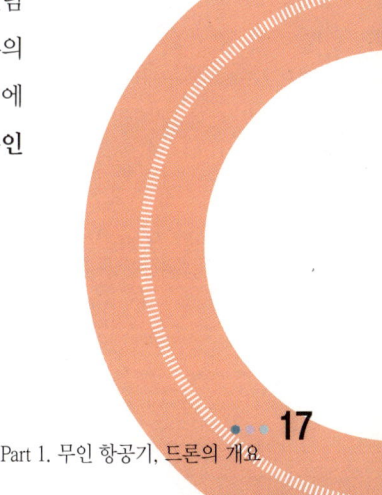

Part 1. 무인 항공기, 드론의 개요

Chapter 2
항공기의 종류

라이트 형제가 최초로 성공한 유인 동력 비행에 사용된 항공기는 주 날개가 위아래로 두 겹 배치되어 있는 복엽기(Biplane)이다. 복엽기는 주 날개가 하나만 있는 단엽기에 비해 날개 면적이 넓어 비행기를 들어 올리는 힘인 "양력(Lift)"이 상대적으로 크다. 따라서 작은 엔진의 힘으로도 비행이 가능하여 초기의 비행기가 많이 사용하였다.

그러나 날개 면적이 넓은 만큼 바람의 저항도 많이 받게 되어 단엽기에 비해 항력이 매우 컸으며, 기체 제작 기술과 엔진 기술의 한계로 인하여 시속 100Km/h 느린 비행만 가능하였다. 이후 항공기 제작 및 엔진 기술의 급격한 발달에 따라 단엽기와 제트기가 등장하게 되었고, 비행기는 더 멀리 더 빠르게 단엽기, 복엽기처럼 날개가 동체에 고정되어 있고, 프로펠러 혹은 제트 엔진과 같은 추진 기관의 힘을 이용하여 양력을 얻고 비행하는 항공기를 고정익 항공기라고 한다. 하지만 고정익 항공기는 일정 속도 이상이 되어야 비행을 할 수 있으므로 속도가 0인 상태, 즉 공중에서 정지해 있는 상황에서는 비행을 할 수 없다.

고정익 항공기(Cessna 172)

　　이러한 단점을 극복하고자 고정익 항공기와는 달리 날개를 동체에 고정시키지 않고 회전시켜 양력을 발생시키는 형태의 비행기인 회전익 항공기가 등장하게 되었다. 회전익 항공기는 날개를 빠른 속도로 회전시켜 양력을 얻으며, 동체가 가만히 정지해 있어도 빠른 속도로 날개를 회전시켜 양력을 얻기 때문에 제자리 비행이 가능하다. 따라서 수직으로 지상에서 이륙을 하거나 짧은 활주로에서 이륙하는 등의 비행 능력을 얻을 수 있었지만 그만큼 동력 낭비가 심해 고정익 항공기처럼 빠른 속도로 비행할 수 없고, 끊임없이 날개를 회전시키므로 공기의 흐름에 민감하다는 단점이 있다.

회전익 항공기(UH-60L)

세계 최초의 상용화된 틸트로터형 항공기 Boeing V-22 Osprey

무인 항공기 **드론,** 아두이노를 만나다!

이러한 두 방식의 단점을 보완하고 장점만을 취합하여 만든 항공기가 바로 틸트로터(Tilt Rotor)형 항공기이다. 틸트로터형 항공기는 정지 비행이나 수직 이착륙이 필요할 때에는 회전 날개를 수직으로 들어올려 양력을 얻고 빠른 속도로 비행을 해야 할 때에는 회전 날개를 수평으로 눕혀서 추진력을 얻는다. 따라서 이론적으로는 수직 이착륙과 빠른 속도를 얻을 수 있으며 헬리콥터에 비해 긴 항속 거리를 가질 수 있게 된다. 이와 같은 장점에도 불구하고 틸트로터형 항공기는 비행 모드를 전환할 때 공기 흐름의 불안정성으로 인해 비행 안정성이 고정익 항공기나 회전익 항공기에 비해 크게 떨어지는 단점이 있다. 또 불안정한 공기 흐름으로 인해 실속(Stall) 상태에 빠져 추락할 수 있다.

이와는 달리 멀티로터형 항공기는 세 개 이상의 회전 날개(프로펠러)를 갖추어 양력과 추력을 얻어 내는 항공기로서, 하나 혹은 두 개의 회전 날개를 사용할 때보다 공기 역학적 안정성이 뛰어나다. 기존 회전익 항공기의 장점인 수직 이착륙 성능 및 공중 정지 비행 성능이 있을 뿐만 아니라 여러 개의 동력원을 이용하므로 엔진 혹은 모터의 고장에 의한 추락 위험이 감소하게 된다. 멀티로터형 항공기는 우리가 흔히 볼 수 있는 형태의 드론으로서 많이 사용되고 있으며, 보통 4개 이상의 프로펠러를 사용한다. 이때, 프로펠러의 개수에 따라 쿼드콥터, 헥사콥터 등으로 불리게 된다.

쿼드콥터(Quadcopter)
트리콥터(Tricopter)

이외에도 새가 비행하는 원리를 따라하는 조류형 항공기, 곤충의 비행 원리를 따라한 곤충형 항공기 등 다양한 형태의 특수 항공기가 있으며, 다른 형태의 항공기에 비해 비행 성능이 극히 나빠 정찰용 혹은 좁은 공간 비행용 등 특수한 조건하에서 사용된다.

【 항공기의 형태에 따른 분류 】

분류	정의
고정익 항공기	날개가 동체에 고정되어 양력을 얻는 형태의 항공기
회전익 항공기	날개를 고속으로 회전시켜 양력과 추력을 얻는 형태의 항공기
틸트로터형 항공기	회전 날개가 공기를 밀어내는 방향을 바꾸어 고정익 항공기 혹은 회전익 항공기 모드로 비행할 수 있는 항공기
멀티로터형 항공기	세 개 이상의 회전 날개를 갖추어 양력과 추력을 얻는 형태의 항공기
조류형 항공기	새가 비행하는 원리를 본떠 만든 항공기
곤충형 항공기	곤충이 비행하는 원리를 본떠 만든 항공기

이 중 멀티로터형 항공기는 프로펠러의 개수에 따라서 분류를 한다. 이때 숫자의 라틴어 표현인 트라이(Tri-), 쿼드(Quad-), 헥사(Hexa-) 등을 붙여서 분류한다.

【 멀티로터형 항공기의 분류와 정의 】

분류	정의
트라이콥터 (Tricopter)	회전 날개(프로펠러)가 세 개 혹은 세 쌍이 있는 멀티콥터형 항공기
쿼드콥터 (Quadcopter)	회전 날개(프로펠러)가 네 개 혹은 네 쌍이 있는 멀티콥터형 항공기
헥사콥터 (Hexacopter)	회전 날개(프로펠러)가 여섯 개 혹은 여섯 쌍이 있는 멀티콥터형 항공기
옥타콥터 (Octacopter)	회전 날개(프로펠러)가 여덟 개 혹은 여덟 쌍이 있는 멀티콥터형 항공기

Chapter 3
드론의 비행 원리

🔷 드론에 작용하는 힘

푸른 하늘을 자유롭게 날아다니는 드론을 본 적 있는가? 드론은 날개를 빠르게 회전시켜 비행에 필요한 힘을 만들어 내는 회전익 항공기의 일종이라고 할 수 있다. 드론의 비행 원리를 설명하기에 앞서 비행기, 헬리콥터와 같이 지구 대기권을 비행하는 항공기에 작용하는 힘에 대해서 공부할 필요가 있다.

비행기, 즉 드론에 작용하는 힘은 무엇이 있을까? 지구의 중력(Gravity), 중력을 거스르는 양력(Lift), 앞으로 나아가려는 힘인 추력

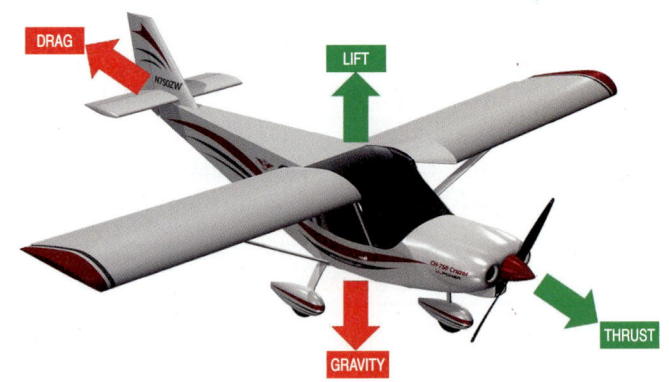

(Thrust), 추력을 방해하는 힘인 항력(Drag)이 바로 그것이다. 지구의 중력은 지구 위에 있는 물체에 동일하게 작용하는 힘이다. 중력의 크기는 뉴턴(Newton)의 제2 법칙인 가속도의 법칙에 의해 결정된다. 즉, 중력의 크기는 물체의 질량(무게) 또는 물체에 작용하는 가속도에 좌우된다. 이때, 물체의 가속도란 물체의 속도가 변화하는 정도이다.

뉴턴은 이에 다음과 같은 식을 만들었다.

$$F = ma = \Delta mv$$

m : 물체의 질량, a : 가속도, v : 물체의 속도

따라서 크고 무거운 항공기는 큰 중력이 작용하게 된다. 또한 중력은 행성의 무게에 따라 달라지기 때문에 지구보다 더 작고 가벼운 행성인 수성, 금성, 화성에서는 중력의 크기가 줄어들게 된다. 반면에 지구보다 무거운 행성인 토성, 목성, 해왕성, 천왕성에서는 중력의 크기가 강하다. 중력의 또 다른 특징은 바로 중력이 향하는 방향이라고 할 수 있는데, 중력의 방향은 늘 지구 혹은 행성 중심을 향한다.

중력을 극복하기 위한 힘은 양력이라고 할 수 있다. 양력은 날개 혹은 회전 날개(로터)에서 생성되는 힘으로써, 날개에 수직되는 방향으로 작용한다. 따라서 강한 양력을 만들어 내야 드론의 무게로 인한 중력을 극복하여 비행할 수 있다. 강한 양력을 만들기 위해서는 빠른 속도로 프로펠러를 회전시키거나 동시에 더 많은 공기를 밀어내야 한다.

양력 및 중력과는 달리 추력은 드론이 앞으로 나아가려는 힘을 나타낸다. 추력이 강하면 강할수록 드론이 앞으로 나아가려는 힘이 강해지며, 따라서 더 빠른 속도로 이동할 수 있다. 이때 추력과 중력을 나타내는 비율을 "**추력 대 중량비(Thrust to Weight Ratio)**"라고 하며, 드론을 비롯하여 여객기, 전투기 등 비행기의 성능을 나타내는 척도로 사용된다.

반면에 항력은 드론이 앞으로 나아가려는 힘을 방해하는 힘으로 가능하면 최소로 줄여야 한다. 항력은 드론의 형상, 프로펠러의 크기, 무게 등과 같이 다양한 요소에 의해 결정되므로, 드론의 형상을 설계할 때 최우선적으로 고려되며 양력과 항력의 크기를 비교하여 드론 성능을 평가하는 데 사용된다. 양력과 항력의 크기를 비교한 값은 "양항비(Lift to Weight Ratio)"라고 하여 비행기의 효율성을 나타내는 척도로 사용된다.

이때 드론에 작용하는 힘은 중력, 항력처럼 자연적으로 발생하는 힘과 추력, 양력과 같이 인위적으로 발생시키는 힘으로 나눌 수 있다. 따라서 추력과 양력은 드론의 동력 기관에서 생성되며, 대부분의 드론은 전기 모터와 프로펠러로 이루어진 동력 기관을 사용한다. 전기 모터에 의해 빠른 속도로 회전하는 프로펠러는 가만히 정지해 있을 때 양력을 생성하며 앞, 뒤, 좌, 우로 이동할 때는 양력과 추력을 동시에 만들어 낸다. 따라서 빠르고 멀리 날기 위해서는 강력한 출력을 가진 모터와 뛰어난 효율의 프로펠러를 사용하여 강한 양력과 추력을 만들어 내야 하는 것이다.

피치, 롤, 요, 스로틀

드론이 공중에서 가만히 정지할 수 있는 것은 앞서 언급하였던 네 가지의 힘이 적절하게 조화를 이루어서 드론에 작용하는 힘의 총합이 0이 되기 때문이다. 하지만 네 힘 중 무엇이라도 커지거나 작아지면 힘의 균형이 깨져 드론은 움직이게 된다. 이때 드론이 움직일 수 있는 방향은 총 8가지로, 지면을 이동하며 좌우 혹은 앞뒤로 움직일 수 있는 자동차와는 달리 드론은 앞뒤, 좌우, 상하, 좌우 회전을 할 수 있다.

드론을 앞뒤로 움직이기 위해서는 가만히 정지해 있는 상태에서 드론 몸체를 앞으로 기울여야 하며, 수평에 비해 기울어진 각도를 피치

각(Pitch Angle)이라 한다. 반면에 좌우로 움직이기 위해서는 드론 몸체를 좌우로 기울여야 하고 수평과 기울어진 각도를 비교한 값을 롤각(Roll Angle)이라 한다. 또한 수직 축을 기준으로 드론이 좌, 우로 회전할 때 원래의 방향과 비교하여 회전한 각도를 요각(Yaw Angle)이라 한다. 이때 드론은 위, 아래로도 움직일 수 있는데, 상승 혹은 하강을 하기 위해서는 프로펠러의 회전 속도를 늘리거나 줄여야 한다. 이때, 프로펠러를 회전시키는 모터 혹은 엔진의 출력을 스로틀(Throttle)이라고 한다.

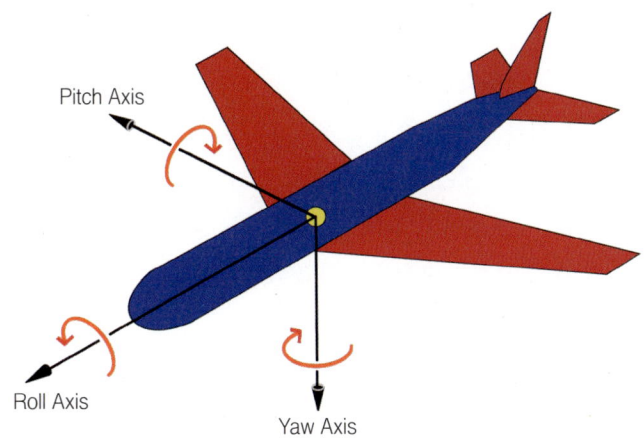

피치각의 제어

드론이 앞쪽 혹은 뒤쪽 방향으로 이동하기 위해서는 앞, 뒤 방향으로 추력을 발생시켜야 한다. 하지만 거의 대부분의 드론은 모터가 동체에 고정되어 있어 모터의 방향을 움직일 수 없다. 따라서 수평 상태에서 앞으로 이동하기 위해서는 드론 몸체의 자세를 바꾸어 프로펠러가 진행 방향으로 기울어지도록 해야 한다.

이때 앞, 뒤로 기울어지는 각도를 피치각이라 하는데, 만약 앞으로 이동하고 싶다면 뒤쪽 모터의 출력을 높여서 강한 힘을 만들어 내고 앞쪽 모터 힘을 줄여서 동체를 자연스럽게 앞쪽으로 기울여 준다. 반대로 뒤쪽으로 이동하고자 한다면 앞쪽 모터의 출력을 높이고 뒤쪽 모터의 출력을 낮추어 기체가 뒤쪽으로 기울어지게 한다.

롤각의 제어

좌측 혹은 우측으로 이동하려면 동체가 좌측 혹은 우측으로 기울어져야 하며, 이를 위해 좌측 혹은 우측 모터의 출력을 조절하여 방향을 제어한다. 기본적인 제어 원리는 피치각 제어와 같지만, 좌측 혹은 우측 모터를 제어한다는 점이 다르다. 피치각과 마찬가지로 좌측으로 이동하고자 할 때, 우측 모터의 출력을 높이고 좌측 모터의 출력을 낮추어 동체가 좌측으로 기울어지게 하고, 반대로 우측으로 이동할 때 좌측 모터의 출력을 높이고 우측 모터의 출력을 낮추어 동체가 우측으로 기울어지게 한다.

요각의 제어

요(Yaw)의 제어 원리는 피치와 롤의 제어와 다소 다르다. 요각의 제어 원리를 이해하기 위해서는 우선 모멘트의 개념을 알아야 한다. 모멘트(Moment)란 어떤 물체가 하나의 축 혹은 두 개 이상의 축을 기준으로 회전 운동을 할 때, 회전 운동을 만드는 힘이다. 회전축을 중심으로 물체를 회전시키려는 힘은 토크(Torque)라고 불리며, 자동차 혹은 선박 등에 주로 사용되는 내연 기관 엔진의 성능 지표로서 자주 활용된다. 모멘

크는 회전축과의 거리가 멀수록 그 크기가 증가하는데, 다음과 같은 식을 따른다.

$$T = \Upsilon \times F$$

T : 돌림힘(Torque), Υ : 회전축에서 작용점까지의 거리, F : 작용하는 힘의 크기

모멘트를 이용한 제어 원리의 가장 적절한 예는 헬리콥터이다. 헬리콥터의 경우 대부분 메인 로터(주 회전 날개)가 하나만 존재하고 이때, 회전 방향은 시계 방향 혹은 반시계 방향으로 정해져 있다. 이럴 경우 메인 로터가 발생시키는 회전 모멘트를 상쇄하기 위하여 동체가 메인 로터의 회전 방향과 반대로 회전하게 된다. 기체는 조종 불능 상태에 빠지므로 이를 막기 위해 각 운동량 상쇄 장치가 추가적으로 필요하며, 헬리콥터의 경우 테일로터(꼬리 부분에 부착된 작은 회전 날개)를 사용하여 동체가 회전하는 것을 막는다.

드론은 세 개 이상의 프로펠러를 사용하여 회전 토크를 상쇄하게 된다. 가장 전형적인 형태의 드론인 쿼드로터(Quadrotor)의 경우 회전 모멘트를 상쇄하기 위해 서로 다른 방향으로 회전하는 프로펠러를 각각 2쌍씩 배치하여 회전 토크를 상쇄하게 된다. 쿼드로터 시스템에 있어서 가장 전형적인 프로펠러의 배치는 다음과 같다.

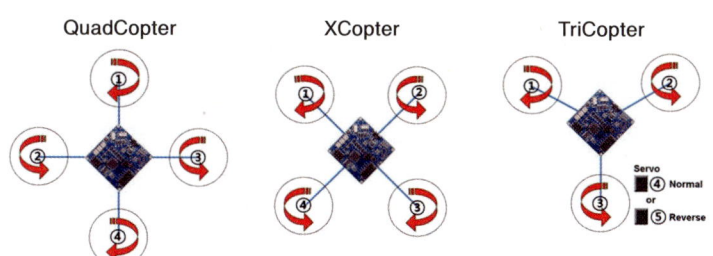

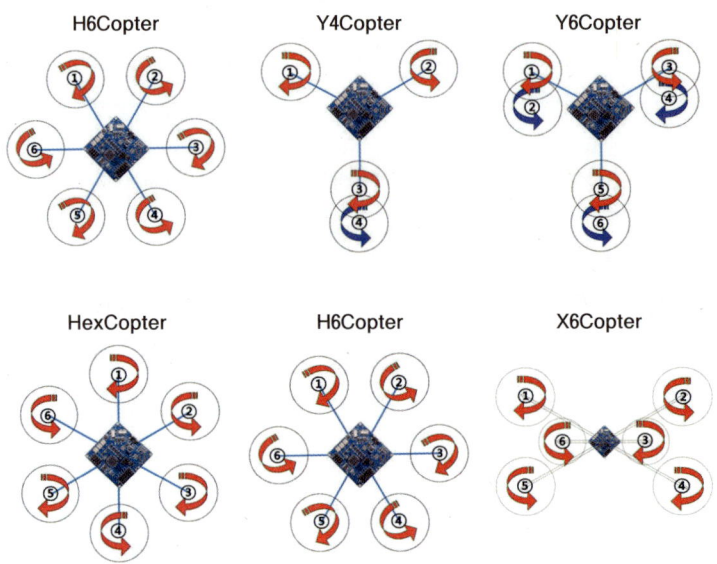

　　따라서 요(Yaw) 제어는 각각 프로펠러의 회전 토크를 다르게 하여 제어한다. 즉, 같은 방향으로 회전하는 프로펠러를 짝지어 강하게 회전시키거나 약하게 회전시켜 제어하는 것이다.

스로틀의 제어

　　스로틀은 모터의 출력을 결정하는 요소로, 상승(강하게)시킨다면 네 개 혹은 부착된 모든 모터의 출력이 올라가고, 이는 더 큰 양력을 발생시켜 기체가 떠오르게 만든다. 반대로 스로틀을 줄인다면 모든 모터의 출력이 내려가므로 양력이 줄어들어 기체가 내려가게 된다.

【 드론의 기본 제어 】

피치각(Pitch)	수평을 기준으로 드론이 앞쪽 혹은 뒤쪽 방향으로 기울어진 각도
롤각(Roll)	수평을 기준으로 드론이 오른쪽 혹은 왼쪽 방향으로 기울어진 각도
요각(Yaw)	수직 축을 중심으로 드론이 원래 방향으로부터 좌측 혹은 우측으로 회전한 각도
스로틀(Throttle)	모터의 회전 속도 혹은 엔진의 출력을 조절하는 것

Part 1. 무인 항공기, 드론의 개요

Chapter 4
무인 항공기(드론)의 활용과 가능성

2014년 3월 25일 북한과의 접경 지역인 경기도 파주시 봉일천의 한 야산에서 소형 디지털 카메라가 부착된 무인기가 발견되었다. 해당 무인기는 북한에서 제작되어 정찰을 목적으로 비행을 하였다는 점이 밝혀져 사회적으로 큰 이슈가 되었다. 이후 국내외 각종 언론에서는 북한이 제작하여 날려 보낸 무인기와 같은 부류의 비행체인 드론에 큰 관심을 가지게 되었고, 그 활용 가능성과 한계 등에 대해서 다양한 보도를 하였다.

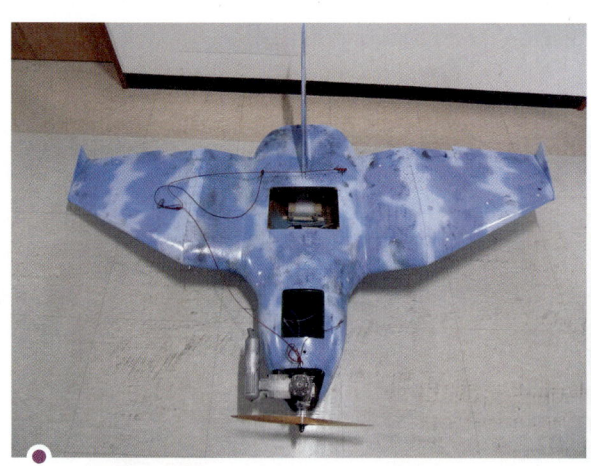 

북한이 정찰 목적으로 날려 보낸 소형 무인기(드론)

가장 흔하게 볼 수 있는 드론의 활용은 항공 촬영이다. 기존에는 제자리 비행이 불가능하고 비교적 낮은 고도에서 작동하는 RC 비행기나 기체의 가격과 운용 유지비가 비싼 상업용 헬리콥터와 같은 유인 항공기로 항공 촬영을 하여 비용과 시간이 많이 소요되었다. 하지만 드론이 등장하게 되고 고해상도 카메라, 영상 안정화 장치 등이 부착된 고품질의 항공 영상을 비교적 저렴한 가격에 얻을 수 있게 되면서 방송, 영화 및 드라마 등에 널리 활용되기 시작하였다. 최근에는 방송 및 영화 영역 이외에도 항공 영상을 활용한 측량, 건축 및 토목 공사장의 안전 관리, 송전 시스템 관리, 철도 시설 관리 등 광범위한 영역에서 항공 촬영용 드론이 사용되고 있다.

나파 시내의 항공 촬영

교통 관제에서의 드론 활용

AED를 탑재한 앰뷸런스 드론

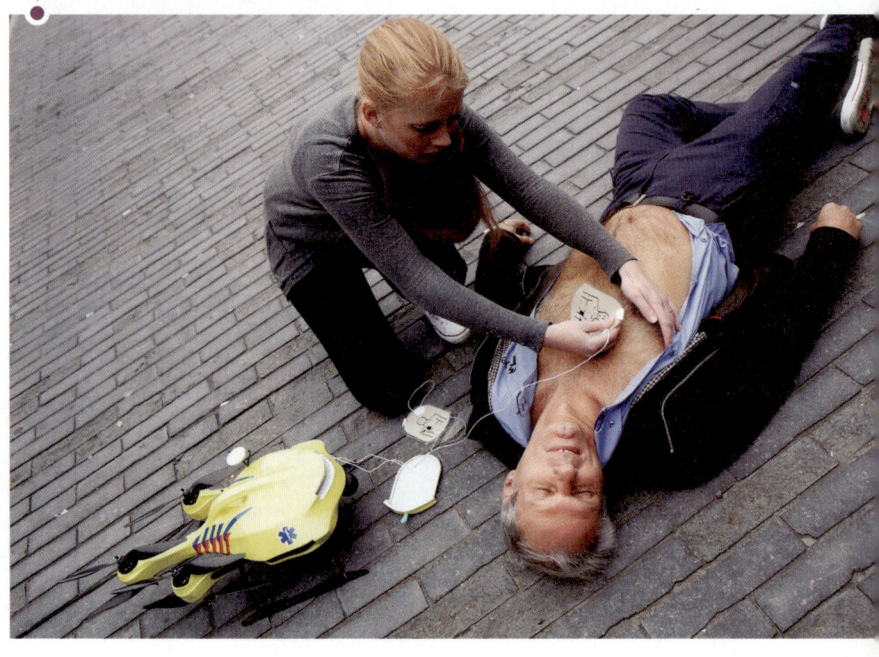

드론은 카메라 이외에도 다양한 장비를 탑재하여 다양한 임무를 수행할 수 있다. 예를 들어 레이저 고도계, GPS 등을 탑재한 드론은 정해진 구역을 비행하면서 지나가는 지역의 고저차, 해발 고도 등을 기록하여 지리 정보를 만들어 낼 수 있으며, 기존에 사용하던 헬리콥터나 RC 비행기에 비해 보다 정밀하고 신뢰성 높은 자료를 확보할 수 있다. 특히 운영 비용이 굉장히 저렴하여 앞으로 지도 제작, 지형 파악 등 구체적이고도 다양한 지리 정보를 만들어 낼 수 있을 것으로 예상된다. 또한 눈에 보이지 않는 전파를 이용하여 밤 시간이나 구름, 안개가 많은 날씨에서도 지상을 촬영할 수 있는 합성 개구 레이더(Synthetic Aperture Radar, SAR) 기술을 사용하여 공중에서의 범죄 감시, 재해 감시 등의 공공 치안 서비스를 제공할 수 있으며, 자동 제세동기(AED)를 탑재하여 구급차보다 빠르게 환자를 살려 낼 수도 있다.

사람이 탑승하지 않고 자동으로 비행하여 정해진 임무를 수행할 수 있는 드론의 특성상 사람이 직접 수행하기에 위험한 임무를 대신 수행할 수 있다. 따라서 사람이 직접 탐사하기 어려운 화산·지진 지역 조사, 산림 조사 등을 빠르고 안전하게 수행할 수 있다. 최근 미국 항공 우주국(NASA)에서는 드론을 화성 탐사에 이용하는 계획을 발표하였다. 화성은 지구의 약 10%에 해당하는 질량을 지니고 있어 중력이 약하므로 비행에 필요한 동력이 지구에 비해 현저히 낮다는 장점이 있다. 하지만 지구 대기와 비교했을 때 0.75%에 불과한 화성의 대기 특성상 드론이 비행하기 위해서는 더 빠른 속도로 프로펠러를 회전시켜야 한다. 이러한 어려움에도 불구하고 기존의 지상 주행형 로버(Rover)에 비해 빠른 속도로 이동하며 넓은 지역을 들여다볼 수 있고, 화성 궤도의 인공위성보다 더 정밀한 영상과 정보를 획득할 수 있어서 차세대 탐사 로봇으로 각광받고 있다.

하지만 실생활을 가장 극적으로 바꿀 수 있는 드론은 바로 **배송**에 특화된 드론일 것이다. 배송용 드론이 활성화된다면 집에서 인터넷을 통하여 필요한 물건을 구매하고, 드론을 통하여 안방에서 물건을 직접 수령할 수도 있게 된다. 실제로 미국의 초대형 물류 회사인 아마존(Amazon)은 자동화된 창고와 드론을 연동하여 물건의 주문, 포장, 발송까지 모두 자동으로 처리할 수 있도록 시스템을 구축하고 있다. 이 시스템이 실현될 경우 기존의 유통망을 통째로 뒤엎을 수 있는 혁명이 될 것이다. 소비자는 더 이상 오프라인 매장에 방문할 필요가 없으며 자동으로 물류의 전반적인 과정이 처리되기 때문에 인건비, 물류비를 크게 줄일 수 있다. 이와 같은 드론 배송 시스템은 미국의 아마존뿐만 아니라 세계적인 독일 물류 회사인 DHL도 연구하고 있다. 뿐만 아니라 피자로 유명한 도미노 피자는 드론을 사용하여 피자를 배달할 계획을 구상하고 있다.

12kg까지 운반할 수 있는 드론 배송

이외에도 실종자를 자동으로 탐색하거나 재난, 전쟁, 사고 등으로 파괴된 무선 이동 통신망을 일시적으로 복구하는 등의 다양한 영역에서 드론이 사용될 수 있다. 물론 드론이 가지고 있는 한계도 명확하다. 드론을 사용하는 데 있어 가장 큰 문제는 배터리 용량의 한계로 인한 체공 시간이며, 배터리 기술 혹은 배터리를 대체할 수 있는 기술의 획기적인 발전이 없다면 드론이 널리 사용되기에는 무리가 있을 것이다. 뿐만 아니라 기초적인 형상의 특성상 빠른 속도로 비행하기가 힘들고 효율적인 비행이 불가능하다. 가장 큰 문제는 안전 문제를 비롯한 법규 문제이다. 최근 드론으로 인한 다양한 사건들로 인해 이를 규제하는 법규에 관한 논의가 활발하게 이루어지고 있다.

드론을 위한 교통 법규의 필요성

Chapter 5
안전하게 드론 사용하기

드론의 오·남용을 막기 위하여 우리나라에서는 항공법 시행 규칙을 별도로 제정하여 안전한 드론 사용을 위한 틀을 마련하였다.

항공법 시행 규칙 제68조

1. 인명이나 재산에 위험을 초래할 우려가 있는 낙하물을 투하하는 행위
2. 인구가 밀집된 지역이나 그 밖에 사람이 많이 모인 장소의 상공에서 인명 또는 재산에 위험을 초래할 우려가 있는 방법으로 비행하는 행위
3. 항공법 제38조 제2항에 따른 관제 공역, 통제 공역, 주의 공역에서 비행하는 행위
4. 안개 등으로 인하여 지상 목표물을 식별할 수 없는 상태에서 비행하는 행위
5. 비행 시정 및 구름으로부터의 거리 기준을 위반하여 비행하는 행위
6. 일몰 후부터 일출 전까지의 야간에 비행하는 행위
7. 주류, 마약류 및 환각 물질 등의 영향으로 조종 업무를 정상적으로 수행할 수 없는 상태에서 조종하는 행위 또는 비행 중 주류를 섭취하거나 사용하는 행위

8. 그 밖의 비정상적인 방법으로 비행하는 행위
   가. 초경량 비행 장치 조종자는 육안으로 식별할 수 있는 범위 내에서 조종하여야 한다.
   나. 동력을 이용하는 초경량 비행 장치의 조종자는 동력을 이용하지 않는 초경량 비행 장치에 대하여 진로를 양보해야 한다.

이러한 규칙은 반드시 지켜야 하며, 특히 사람이나 차량 등이 많은 장소에서는 추락 시 신체적 혹은 재산상의 큰 피해를 입힐 수 있으므로 반드시 피하여 비행하여야 한다. 또한 공항 반경 3.2Km 이내, 휴전선 인근, 서울 강북 지역에서는 허가받지 않은 비행은 금지되어 있다. 다른 사항은 항공법 시행 규칙 중 **"초경량 비행 장치"** 항목에 해당하는 규칙을 자세히 읽어 보아야 한다.

우리나라의 비행 금지 구역

1. 서울시 및 서울시 인근의 비행 금지 구역

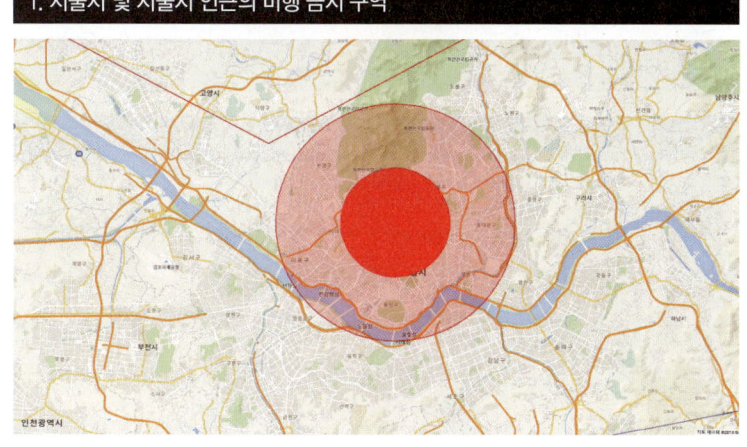

2. 서북 도서 및 강화도 인근의 비행 금지 구역

3. 삼척, 울진에 위치한 원자력 발전소 인근의 비행 금지 구역

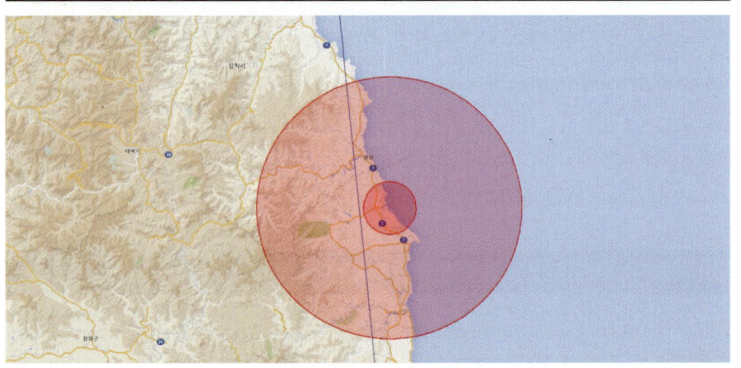

4. 대전광역시 하나로 실험용 원자로 인근 및 군사 시설에 따른 비행 금지 구역

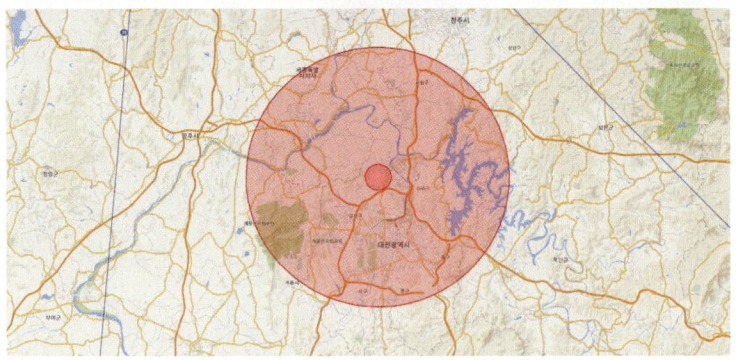

5. 전남 영광군에 위치한 원자력 발전소 인근 구역

6. 경주 및 부산에 위치한 고리 원자력 발전소, 월성 원자력 발전소 인근 구역

Part 1. 무인 항공기, 드론의 개요

Part 2

드론의 제작 이론

Chapter 1
드론을 구성하는 부품

드론을 내 마음대로 움직이기 위해서는 무엇이 필요할까? 아마도 커다란 힘을 낼 수 있는 모터와 프로펠러, 그리고 이것들을 제어할 수 있는 소형 컴퓨터가 필요할 것이다. 드론을 구성하는 부품은 크게 세 가지 요소로 구분된다. 먼저 하늘을 자유롭게 날 수 있게 하고 자유자재로 움직일 수 있게 하는 동력 체계가 있다. 동력 체계는 주로 모터와 프로펠러, 그리고 동력을 공급하는 배터리로 구성되어 있다. 모터와 프로펠러가 없으면 드론은 비행 자체가 불가능하며 드론의 비행 성능을 결정하는 핵심적인 구성 요소라고 할 수 있다. 특히 배터리는 모터의 출력, 소모 전력에 맞추어 결정되며, 비행 시간과 비행 반경, 비행 거리를 결정하는 핵심 요소라고 할 수 있다.

드론의 구성 요소		
동력 계통	제어 계통	동체 계통
• 모터 • 프로펠러 • 배터리	• 비행 제어 유닛 • 항법 시스템 • 통신 시스템	• 주 동체 • 랜딩 기어

 ## 모터

드론에 사용되는 모터는 주로 브러시 DC 모터(Brushed DC Motor) 혹은 브러시리스(Brushless) DC 모터가 주로 이용된다. 브러시 DC 모터는 우리가 일상생활에서 쉽게 볼 수 있는 형태의 모터이며, 정류자(Commutator)와 브러시가 서로 교차로 마찰 접촉하여 영구 자석이 만들어 내는 자기장 속에서의 전류의 흐름을 교대로 바꾸어 준다. 이때 자기장과 전류의 흐름은 "로런츠 힘(Lorentz Force)"을 만들어 내고 이 힘을 이용하여 모터는 회전력을 얻는다. 브러시 DC 모터는 구조가 간단하여 가격이 저렴하며 대량으로 생산할 수 있으나, 브러시와 정류자가 끊임없이 마찰하므로 에너지 효율이 떨어지고 발열이 있으며 수명이 짧다는 단점을 가지고 있다. 이를 해결하기 위하여 카본 브러시 등을 사용하기도 하지만 마찰이라는 현상을 제거한 것이 아니므로 기존 DC 모터에 비해 단순히 수명이 길어지고 에너지 효율이 조금 개선되는 정도이다.

반면에 브러시리스(Brushelss) DC 모터는 보통 BLDC 모터라고 불리며 전기적으로 전류의 흐름을 제어하여 마찰을 일으키는 브러시가 없어 전기적 효율이 뛰어나고 반영구적인 수명을 가지고 있으며 출력이 매우 뛰어나다.

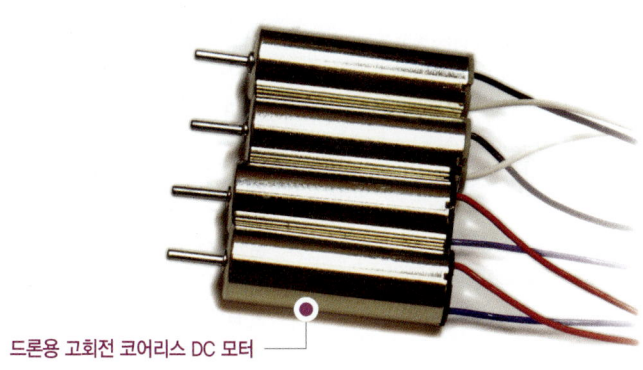

드론용 고회전 코어리스 DC 모터

드론용 고회전 코어리스 DC 모터

하지만 DC 모터와 달리 네오디뮴과 같은 희토류 영구 자석을 사용하여 비교적 고가이며 소형화에 한계가 있어 큰 크기의 드론이나 신뢰성과 내구성이 좋아야 하는 시스템에서 주로 사용된다.

모터를 선정할 때는 주로 전압당 회전 속도(KV), 최대 출력(Watts), 작동 전압(Operation Voltage)을 고려하여야 하며, KV 값이 낮을수록 회전 속도가 느린 대신에 회전 토크(Torque)가 크다. 대형 기체에 주로 사용되는 모터의 경우 크기가 굉장히 커서 모터 자체의 회전 관성이 크므로 KV 값이 낮은 경우가 대부분이다. 반면에 빠른 속도로 움직이거나 소형 기체의 경우 KV 값이 높은 모터를 주로 사용한다.

모터	장점	단점
DC 모터	• 구조가 간단하여 가격이 저렴하다. • 전압에 따라 회전 속도가 달라지므로 제어하기가 쉽다. • 비교적 크기가 작고 가볍다. • 회전 방향을 제어하기가 쉽다. • 낮은 전압에서도 작동할 수 있다. • 제어를 위한 별도의 회로가 필요하지 않다.	• 브러시의 마모로 인해 수명이 짧다. • 마찰로 인해 에너지 효율이 낮다. • 전기적 소음이 발생한다. • 비교적 발열이 크다. • 고속 회전이 비교적 어렵다.
BLDC 모터	• 반영구적인 수명을 가지고 있다. • 마찰이 최소화되어 뛰어난 에너지 효율을 가지고 있다. • 전기적 잡음이 적다. • 고속 회전이 가능하고 높은 출력을 얻을 수 있다.	• 가격이 비교적 비싸다. • 3개의 극을 이용하여 제어하므로 제어가 어렵다. • 모터를 구동하기 위한 별도의 회로를 필요로 한다. • 회전자가 무거워 회전 관성이 크므로 제어 반응이 느리다.

프로펠러

　　프로펠러는 모터와 결합하여 사용되는 핵심 부품으로서, 드론의 추진 효율, 최대 속도, 유상 하중(Payload), 공기 역학적 효율을 결정하는 중요한 부품이다. 프로펠러는 모터의 출력에 따라서 결정되며, 큰 크기의 프로펠러를 사용할수록 모터가 소모하는 전력이 기하급수적으로 증가한다. 따라서 DC 모터를 사용하는 경우 소형의 경량 프로펠러를 사용하며 기어와 결합하여 회전 속도를 낮추고 토크를 상승시켜 무거운 동체를 들어올릴 수 있다. 프로펠러의 성능은 주로 지름(D)과 피치(P)로 나타낸다. 프로펠러가 회전하는 범위의 지름을 의미하며, 주로 인치(Inches) 단위로 표현한다. 프로펠러의 지름이 크면 클수록 밀어내는 공기의 양이 늘어나 더 큰 힘을 발휘할 수 있으나 무게가 증가하고 회전 관성이 커지므로 반응 속도가 느려진다는 단점이 있다. 피치(Pitch)의 경우 프로펠러가 한 번 회전하였을 때 이동하는 거리를 의미하며, 피치가 큰 경우 한 번 회전할 때 이동하는 거리가 커 더 큰 힘을 발휘할 수 있다. 따라서 크고 무거운 기체를 움직이기 위해서는 길이가 길고 피치가 큰 프로펠러를 선택하여야 한다.

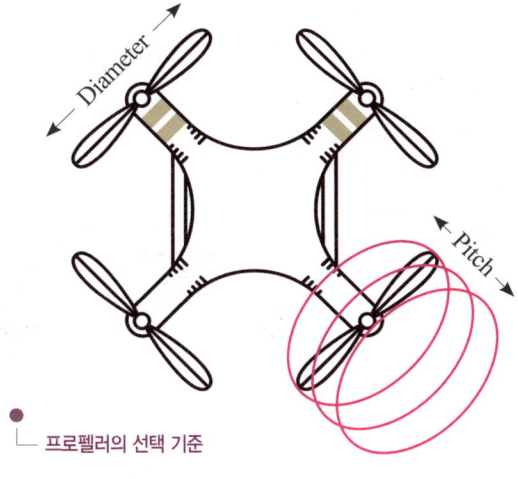

└ 프로펠러의 선택 기준

배터리

배터리는 모터와 각종 전자 장비에 동력을 공급하는 동력원이다. 배터리는 비행 시간과 비행 거리를 결정하는 핵심 부품이며 보통 리튬 이온(Li-Ion) 배터리와 리튬 폴리머(Li-Po) 배터리를 많이 사용한다. 배터리는 보통 셀(Cell) 단위로 제조 및 판매되며, 리튬 계열의 화학 배터리는 1셀당 3.7V의 공칭 전압(Nominal Voltage)을 가지고 있다. 따라서 셀이 많아지면 많아질수록 출력 전압이 높아지며, 가장 많이 쓰이는 배터리는 3셀(3S) 리튬 폴리머 혹은 리튬 이온 배터리이다. 3셀 배터리의 경우 약 11.1V의 공칭 전압을 가지며 보통 1셀당 최대 4.2V의 전압을 가질 수 있으므로 3셀 배터리의 경우 최대 4.2V × 3 = 12.6V의 전압을 출력할 수 있다.

드론에 사용되는 배터리의 성능을 표기할 때에는 주로 셀의 개수, 공칭 전압, 전류량과 함께 최대 방전율(C-rate)을 표기한다. 최대 방전율은 C 단위로 표현되며 보통 20C ~ 60C 정도의 성능을 사용한다. C-rate는 단기간에 얼마나 많은 출력을 낼 수 있는지 나타내는 척도이며, C-rate가 높을수록 단기간에 높은 출력을 얻어 낼 수 있다.

드론용 배터리	
Li-Ion (리튬 이온)	• 양극의 재료로 리튬 코발트 산화물을 사용하고, 음극의 재료로 탄소를 사용하고 유기 전해질을 넣어 구현한 형태의 배터리 • 무게가 매우 가볍고 단위 부피당 용량이 큼. • 리튬의 높은 반응성으로 인해 불안정
Li-Po (리튬 폴리머)	• 리튬 이온 전지와 구동 원리가 같지만 전해질의 재료로 젤 형태의 중합체(폴리머)를 사용하여 다양한 형태가 가능 • 제조 공정이 간단하고 대량 생산이 가능하여 가격이 저렴 • 저장 용량이 매우 커 드론용으로 매우 적합한 배터리
Ni-MH (니켈 수소)	• 양극의 재료로 니켈, 음극의 재료로 수소 합금을 사용한 2차 전지 • 단위 부피당 용량이 크고 급속 충전 및 방전이 가능 • 발열이 크고 자기 방전율이 커 보관성이 좋지 않음.

제어부

다른 요소는 모터와 배터리, 무선 통신 등을 자유자재로 제어할 수 있는 제어부이다. 제어부는 보통 비행 제어 유닛(Flight Control Unit, FCU), 통신 모듈(Communication Module), 전자식 속도 제어기(Electric Speed Controller, ESC)로 구성되어 있으며 드론의 기계 요소나 전기적 요소를 제어하는 역할을 담당하고 있다.

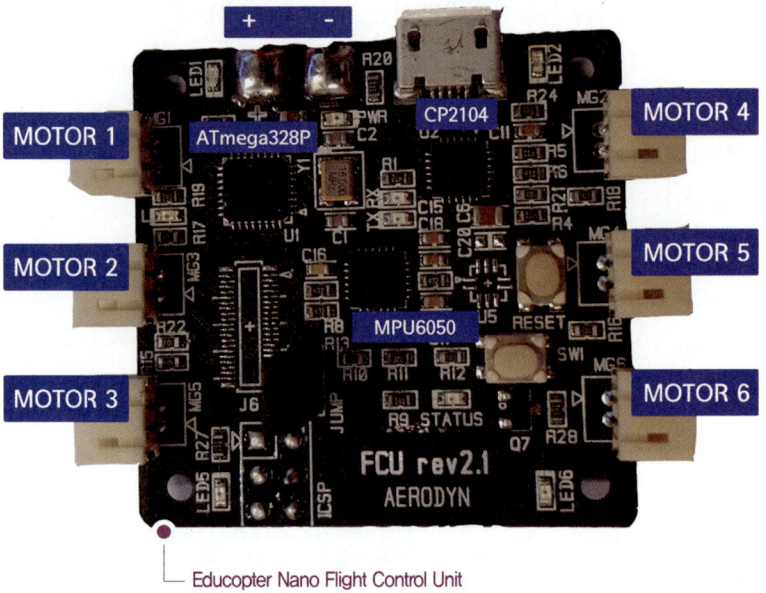
Educopter Nano Flight Control Unit

　　　　이 중 비행 제어 유닛은 핵심적인 역할을 담당하는데, 비행체의 자세 측정을 담당하는 자세 및 방위 추정 시스템(Attitude & Heading Reference System, AHRS), 각종 관성 센서로부터 위치를 추정하는 관성 항법 장치(Inertial Navigation System, INS), 위성 통신을 통하여 위치를 추정하는 위성 항법 시스템(Global Navigation Satellite System, GNSS) 등으로 구성되어 있다.

　　　　자세 및 방위 추정 시스템(AHRS)은 가장 중요한 역할을 담당하고 있다. AHRS는 관성 측정 장치(Inertial Measurement Unit, IMU)로부터 측정한 비행체의 가속도 정보와 회전 각속도 정보, 지구 자기장 정보를 서로 융합하고 가공하여 비행체의 기울어진 각도와 비행 방향을 계산하는 모듈이다. AHRS를 이용하여 계산된 자세 값은 수평 혹은 사용자가 원하는 자세를 만들기 위한 자동 제어 모듈(PID 제어기 등)에 사용된다.

관성 항법 장치(INS)는 자율 비행을 위한 가장 기본적인 장치로, 적분을 이용하여 위치를 추정하기 때문에 단독으로는 잘 쓰이지 않으며 주로 위성 항법 장치(GNSS)와 결합하여 사용된다. INS와 GNSS는 드론의 위치를 추정하는 동일한 기능을 가지고 있으나, 정밀도 정보의 갱신 주기가 달라 서로의 장점을 보완하기 위해 주로 융합하여 사용한다.

비행 제어 유닛의 구성 요소	
자세 및 방위 추정 시스템(AHRS)	드론의 자세, 위치, 방위를 추정하는 모듈로서 각종 제어 및 항법 시스템에 있어서 가장 기본적인 정보를 제공
관성 측정 장치 (IMU)	드론의 온보드 컴퓨터(On-Board Computer, OBC)에 탑재되어 기체의 가속도, 회전 각속도, 자기장 등을 측정
관성 항법 시스템 (INS)	IMU로부터 데이터를 수신하여 자기 자신의 위치를 계산하여 추정하는 장치
위성 항법 시스템 (GNSS)	인공위성을 이용한 항법 시스템(GPS)

통신 모듈

통신 모듈은 사용자(조종사)와 드론을 연결하는 다리 역할을 하고 있다. 대개 무선 통신으로 이루어지며 통신 방식으로는 블루투스(Bluetooth), 와이파이(Wi-Fi), 지그비(ZigBee) 등과 같은 개인 근거리 통신망(Personal Area Network, PAN)을 사용하거나 무선 이동 통신망(LTE), 위성 통신망(SATellite COMmunication, SATCOM) 등으로 구성되어 있다. 블루투스와 와이파이는 드론과 통신하는 데 있어서 가장 흔하게 쓰이는 통신 방식으로, 가격이 저렴하고 구현이 쉽다. 또 대용량의 데이터를 전송하거나 빠른 반응 속도를 보인다. 하지만 장거리 통신이 불가능하여 상업용 드론에 사용하기 부적절하다. 지그비는 비교적 장거리 통신이 가능하지만 전파법에 의한 출력의 제한으로 인해 1Km 이상 데이터를 송신,

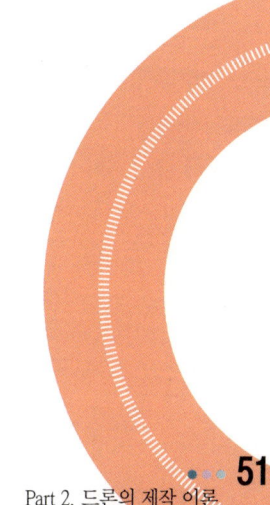

수신하기가 힘들다. 이를 극복하기 위해서는 상용 무선 이동 통신망을 이용하거나 인공위성 통신망을 이용해야 한다. 최근 드론의 성능이 급격하게 개선되고 탑재되는 기기가 생성하는 정보량이 기하급수적으로 증가하면서 장거리 통신과 대용량 데이터 전송이 가능한 LTE와 같은 무선 이동 통신망이 드론을 위한 장거리 고속 통신 시스템으로 떠오르고 있다.

드론의 무선 통신 시스템	
블루투스	• 2.4Ghz 대역을 사용하는 개인 영역 통신망(Personal Area Network, PAN)의 일종 • 낮은 전송 지연율(Latency), 주파수 혼선에 강하여 혼선 없이 동시에 여러 대가 연결 가능 • 통신 거리가 매우 짧고 데이터 전송 속도가 낮음.
Wi-Fi	• 2.4Ghz 혹은 5.8Ghz의 ISM 대역을 이용하는 IEEE 802.11a~ac 규격의 무선 이동 통신 • 주로 휴대폰, 노트북에 사용되는 근거리 고속 무선 이동 통신망 • 통신 속도가 빠르고 지연율이 낮아 대용량 데이터를 전송하는 드론에 적합한 방식이지만 통신 거리가 짧음.
RF	• 일반적으로 드론에 널리 사용되는 무선 통신 방식 • 2.4Ghz 혹은 5.8Ghz 대역의 무선 주파수(Radio Frequency)를 사용하여 각종 데이터를 송수신하는 방식
LTE	• 이용 대가를 지불하는 상용 무선 이동 통신망의 일종 • 빠른 데이터 전송 속도, 낮은 지연율, 광활한 커버리지를 가지고 있어 장거리 제어가 가능 • 유지 및 보수 비용이 발생하고, 고도 150m 이상 비행 시 사용이 불가능
SATCOM	• 인공위성을 이용한 무선 이동 통신 시스템 • 초기 구축 비용이 매우 비싸고 통신 속도가 느림. • 전 지구적으로 데이터를 송수신할 수 있어 장거리를 이동하는 드론이나 군용 이동 통신망으로 사용 가능

마지막으로 드론을 구성하는 핵심 요소는 동체라고 할 수 있다. 최근 탄소 섬유와 같은 복합 소재(Composite Material)의 발달로 인해 가벼우면서도 뛰어난 강도를 가진 동체가 제작되고 있으며, 많은 동체가 공

기 역학적 효율을 고려하여 설계되고 있다. 공기 역학적으로 뛰어난 동체는 측풍 혹은 돌풍으로 인한 순간적인 공기 흐름의 변화에 대한 저항력을 가지고 있으며 빠른 속도로 자세를 회복하는 데 큰 도움을 준다. 잘 설계된 동체는 낮은 공기 저항, 높은 추진 효율을 얻을 수 있으며 드론 전체의 성능에 영향을 미치게 된다. 최근 3D 프린터와 같은 고속 프로토타이핑(Rapid Prototyping, RP) 장비의 발전으로 인해 가정에서도 쉽게 동체를 제작할 수 있으며, 드론의 대중화에 큰 기여를 하고 있다.

드론은 이러한 주요 구성 요소와 부품 이외에도 다양한 부가 장비가 있다. 특히 프로펠러를 보호하는 프롭 가드(Prop Guard), 항공 영상 획득을 위한 카메라, 짐벌(Gimbal) 등은 가장 활발하고 널리 쓰이는 부품이다. 이러한 부품은 드론이 비행하는 데 큰 영향을 미치지는 않지만, 드론의 존재 가치와 사용성을 크게 확장시키며 이를 사용한 각종 부가 산업을 창출할 수 있다. 이러한 부가 장비들은 앞으로 드론이 다양한 분야에 사용되기 위하여 활발하게 개발되고 있는 분야이다.

항공 촬영을 위한 짐벌을 장착한 드론

Chapter 2
드론 제작의 기초

최근 활발하게 연구되고 제작되고 있는 드론은 비행 로봇의 일종으로서 다양한 하드웨어 기술과 소프트웨어 기술이 서로 유기적으로 결합하여 만들어진다. 특히 일반 로봇과는 달리 빠르고 자유롭게 움직일 수 있으며 일부 상황에서는 사용자(조종사)의 명령 없이도 스스로 판단하여 비행해야 하므로 최신 드론은 기본적인 비행 이외에도 다양한 상황에서 적절한 판단을 내릴 수 있도록 인공 지능을 내장하는 경우도 있다. 기본적으로 드론이 비행하기 위해서는 비행에 대한 전반적인 제어를 담당하는 비행 제어 유닛을 필요로 하며 비행 제어 유닛은 크게 하드웨어 부분과 소프트웨어 부분으로 나눌 수 있다. 비행 제어 유닛은 인쇄 회로 기판(Printed Circuit Board, PCB) 형태의 하드웨어를 기반으로 자세나 주위 환경을 측정하기 위한 다양한 센서를 내장한다. 자세를 추정하는 자세 추정 알고리즘, 계산된 자세를 기반으로 각 모터의 제어량을 결정하는 자동 제어 알고리즘, 사용자 혹은 외부로부터 경로 및 제어에 관한 정보를 송수신할 수 있는 통신 알고리즘으로 구성되어 있다.

비행 제어 유닛은 드론의 두뇌 역할을 담당하며 드론의 자세를 측정하고 모터를 제어하며 조종자와 통신을 유지하여 끊임없이 드론의 자세를 제어한다. 만일 비행 중 비행 제어 유닛이 고장을 일으킬 경우 드론이 오작동하거나 원하는 대로 제어가 되지 않으며 최악의 경우 추락하여

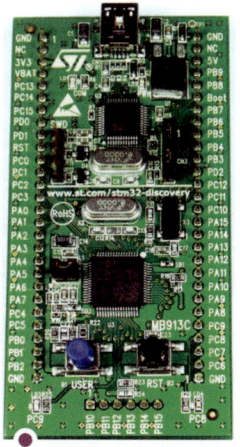

8비트 MCU, ATmega   32비트 STM

　인명 피해나 물적 피해를 야기할 수 있다. 따라서 비행 제어 유닛을 설계할 때에는 신뢰성을 최우선적으로 고려하여 제작해야 하며, 제어 알고리즘 또한 신뢰성을 최우선적으로 고려해야 한다. 이때 신뢰성이란 하드웨어 혹은 소프트웨어를 믿을 수 있는지 파악하는 척도로서 신뢰성이 높다는 것은 적대적인 환경에서도 해당 기능이 안정적으로 작동한다는 것을 의미한다. 따라서 신뢰성을 높이기 위해 장시간 작동할 수 있는 프로세서를 사용하며 발열, 진동에 대한 대책을 강구해야 한다. 최근에는 드론의 비행 제어 유닛에 사용되는 프로세서의 크기와 가격이 매우 저렴해지면서 다양한 성능을 가진 비행 제어 유닛이 출시되었는데, 가격이 비교적 저렴하고 다양한 환경에서 운용되어 신뢰성이 어느 정도 검증되어 있다고 볼 수 있다.

　　결론적으로 드론을 위한 비행 제어 유닛을 새로 설계할 때는 기존에 출시된 비행 제어 유닛의 구성을 확인한 후, 장점을 취합하여 제작하는 것이 좋다. 이때 가장 많이 쓰이는 프로세서는 AVR 사의 8비트 마이크로컨트롤러(MCU)인 ATmega 시리즈와 고성능의 32비트 프로세서인 ST Microelectronics 사의 STM 시리즈이다.

Part 2. 드론의 제작 이론

하드웨어와 함께 중요한 것은 각종 센서를 제어하고 비행 정보를 수집하며 수집된 정보를 바탕으로 적절한 제어 명령을 내리는 비행 제어 소프트웨어라고 할 수 있다. 드론용 비행 제어 소프트웨어는 자세를 추정하는 자세 추정 알고리즘, 추정된 자세 값을 바탕으로 각 모터가 내야 할 출력을 계산하는 자동 제어 알고리즘이 핵심이며 이를 위해 다양한 신호 처리 기술과 자동 제어 기술이 들어간다. 대표적인 신호 처리 기술은 상보 필터(Complimentary Filter, CF)와 칼만 필터(Kalman Filter, KF)가 있다. 상보 필터는 알고리즘의 구조가 단순하고 직관적이므로, 이해하기 쉬운데, 저가의 저성능 프로세서를 사용할 때 주로 쓰인다. 칼만 필터는 확률과 통계를 기반으로 하며 연산량이 비교적 많지만 보다 정밀한 계산이 가능하여 고성능 프로세서나 산업용 드론에서 주로 사용된다.

드론의 각 모터를 제어하여 자세를 유지하거나 원하는 자세로 변경하는 역할을 담당하는 자동 제어기 또한 핵심 알고리즘 중 하나이다. 다양한 종류가 존재하지만 가장 널리 사용되고 있는 제어기는 대부분 PID 제어기이다. PID 제어기는 비례(Proportional), 적분(Integral), 미분(Derivative)에 의해 제어량을 계산한다. 반응 속도가 빠르고 다양한 시스템에 적용할 수 있고, 구조가 간단하며, 비교적 정밀하게 제어할 수 있는 장점이 있다. 따라서 드론을 설계할 때는 주로 PID 제어기를 변형하여 사용한다.

PID 제어기 이외에도 수학적인 모델링(Modeling) 과정을 거쳐 철저하게 모델을 분석하여 자동 제어를 수행하는 선형 최적 제어기(Linear Quadratic Regulation, LQR)가 있으며, 확률을 기반으로 작동하는 가장 기초적인 형태의 인공 지능 제어기인 퍼지(Fuzzy) 제어기가 있다. 그러나 드론은 공기 중에서 거동을 예측하기 힘들고 비행 상태에 영향을 미치는 요소가 매우 다양하므로 대부분 PID 제어기를 사용한다. 드론에 사용되는 PID 제어기의 경우 제어 안정성의 증대를 위해 각도 및 각속도에 대한 제어를 수행하는데, 이 경우 하나만 제어할 때보다 뛰어난 비행 안정성을 제공한다.

〈 드론의 설계 과정 〉

1. 드론의 운용 요구 성능(Required Operation Capabilities, ROC)을 파악한다.
2. 요구 성능에 맞는 프로펠러를 선정한다.
3. 선정된 프로펠러의 지름(D)과 피치(P)를 고려하여 적절한 모터를 선택한다.
4. 모터의 작동 전압을 파악하여 해당 범위 내에 있는 배터리를 선정한다.
5. 프로펠러와 모터의 전압, 출력, 추력 등의 상관관계를 이용하여 수학적으로 해석한다.
6. 수학적으로 해석된 값을 바탕으로 비행 제어 유닛을 제작한다.
7. 비행 제어 유닛, 모터, 프로펠러, 동체를 제작하여 조립한다.
8. 시험 비행을 수행하여 요구 성능을 갖추었는지 파악하여 수정, 보완한다.

드론 제작 과정은 일반적인 유인 비행기나 헬리콥터를 제작하는 것과 비슷하다. 다만 연방 항공청(Federal Aviation Association, FAA)에서 정하는 별도의 규정이나 감항(Airworthiness) 인증 규격이 없어 항공법에서 규정하는 허용 범위 이내인지 반드시 확인하여야 한다.
우리나라의 경우 총 중량 12Kg 이내의 드론인 경우 별도 허가 없이 제작 및 비행이 가능하므로 대부분의 완구용 드론 혹은 항공 촬영용 드론은 허가 및 인증 과정 없이 제작이 가능하다.

Chapter 3
드론의 성능 지표

드론은 지상에서 운행하는 자동차나 기차에 비해 많은 성능 지표를 가지고 있다. 이는 공중이라는 공간을 움직이는 드론의 특성에서 기인하는데, 앞·뒤·좌·우·위·아래의 총 여섯 가지 방향으로 움직일 수 있다. 따라서 움직이는 속도 이외에도 상승 속도, 상승 한도, 비행 고도 등 다양한 요소를 고려해야 한다. 특히 드론의 성능을 결정하는 핵심 요소는 비행 거리, 비행 시간, 유상 하중, 제어 가능 거리이다.

【 드론의 성능 지표 】

성능 지표	내용
공허 중량 (Empty Weight)	항공기의 기체 구조, 동력 장치, 비행에 필요한 항전 장비 등 비행에 필요한 모든 장비를 탑재한 상태에서 연료, 승객, 화물의 무게를 제외한 무게
유상 하중 (Payload)	항공기가 탑재할 수 있는 수화물의 총 중량으로 카메라, 카메라 짐벌 등과 같은 외부에 부착하는 장비의 무게
순항 속도 (Cruising Speed)	항공기가 연속적인 비행을 할 때의 속도로, 보통 최대 효율을 나타내는 속도
모터 출력 (Motor Power)	국제 표준(SI) 단위계에 의해 Watts 단위로 출력을 표시, 최대 이륙 중량, 순항 속도, 최대 속도 등을 결정하는 핵심 지표
프로펠러 (Propeller)	프로펠러의 회전 지름(D)과 1회당 이동 거리인 피치(P)로 나타내며, 모터 출력과 마찬가지로 기본적인 비행 성능을 나타내는 지표

배터리 (Battery)	비행 시간, 항속 거리 등에 영향을 미치는 지표, 배터리의 종류 (Li-Po, Li-Ion, NiMH 등), 전압, 전류 용량, 방전율 등으로 표시
비행 시간 (Flight Time)	항공기가 공중으로 이륙한 순간부터 시작하여 착륙 후 전원을 내릴 때까지의 시간
항속 거리 (Range)	항공기가 주어진 조건에서 이륙 순간부터 탑재된 배터리 용량을 모두 사용할 때까지의 비행 거리
제어 거리 (Control Distance)	무선 통신 방식을 이용하여 제어할 때 데이터의 송수신이 원활 하게 이루어질 수 있는 최대 거리
상승 한도(Ceiling)	비행체가 상승할 수 있는 고도의 한계
실용 상승 한도 (Service Ceiling)	항공기가 표준 대기에서 분당 100피트(100ft/min)의 상승 속도를 얻을 수 있는 최대 고도

이러한 성능 지표 이외에도 직접 사람이 조종하는 드론의 특성상 비행 안정성, 조종성, 신뢰성, 항법 장치의 정밀성 등을 고려해야 한다. 특히 드론을 제작할 때 비행 제어 유닛을 신중하게 골라야 하고, 전문적인 항공 촬영이 가능한 수준의 드론은 추락 시 인명이나 재산에 막대한 피해를 입힐 수 있으므로 신뢰성이 검증되어야만 한다. 따라서 반드시 제작 후 실제 운용 전 시험 비행을 충분히 실시하여 신뢰성을 확보하는 것이 중요하다.

모든 부품을 조립한 에듀콥터

Chapter 4
제작 부품의 선택

드론이 대중화되면서 다양한 드론 완제품과 부품이 출시되고 있다. 특히 드론의 핵심 요소인 비행 제어 유닛(FCU), 모터 속도 제어 유닛(ESC), 브러시리스 DC 모터(BLDC) 등의 부품 가격이 급격하게 하락하였으며, 이는 소비자의 선택 폭을 넓혀 주고 있다. 그만큼 자신이 원하는 드론을 만들기 위한 적절한 부품의 선택이 중요해졌다.

비행 제어 유닛 고르기

비행 제어 유닛은 드론 제작 기술이 집약된 하이테크 부품이므로 선택에 신중을 기해야 한다. 드론의 핵심 요소로 부품 중에서도 가격 비중이 높은데 소형 드론의 경우 전체 가격의 약 80% 정도를 차지하기도 한다. 일반적으로 DJI 사의 컨트롤러, 3D Robotics 등의 유료 상용 컨트롤 유닛 혹은 아두파일럿(Ardupilot), 멀티위(Multiwii) 등과 같은 오픈 소스 기반의 무료 컨트롤 유닛을 사용한다. 오픈 소스와 상업용 컨트롤 모듈의 경우 최적화, 자유도, 가격 등에서 큰 차이가 있으며 주로 제작 예산에 맞추어 선택한다.

【 비행 제어 유닛 비교표 】

모델명	DJI NAZA	3D Robotics	Ardupilot	Multiwii
사진				
MCU	Cortex-M3	Cortex-M4	AVR ATmega2560	AVR ATmega328P
센서	3축 가속도 센서 / 3축 자이로 센서 / 3축 지자계 센서 / 기압 센서 / 초음파 센서			
가격	고가	고가	저가	저가

　　오픈 소스 기반인 경우 사용자가 쉽게 소스 코드를 수정할 수 있어 다양한 비행 특성을 구현할 수 있다. 또 필요로 하는 수많은 센서를 사용자 스스로 탑재하고 드라이버를 제작하므로, 자유성이 높은 편이다. 뿐만 아니라 상용 제어기에 비해 가격이 매우 저렴하며 경우에 따라서는 직접 비행 제어 유닛을 제작할 수 있다. 하지만 소스 코드별로 비행 성능의 편차가 굉장히 크고 개발을 위해서 스스로 개발 환경을 구축하여야 하며 프로그래밍에 대한 기초 지식이 있어야 다룰 수 있다.

　　반면 상용 비행 제어 유닛은 가격이 비교적 비싸고 자유롭게 프로그램을 변경할 수 없는 단점이 있으나, 상대적으로 안정적인 비행이 가능하고 비행 신뢰성이 높다. 무엇보다 제조사의 기술 지원을 받을 수 있는 장점이 있다.

　　따라서 비행 제어 유닛을 선택할 때는 본인의 프로그래밍 능력, 제작 예산, 사용 용도를 명확히 결정해서 선택하여야 한다.

모터와 프로펠러 고르기

　　모터와 프로펠러는 드론이 날게 하는 핵심 부품이다. 기본적인 비행 성능뿐 아니라 비행 특성을 결정하는 요소로, 모터와 프로펠러는 서로 결합되어 사용된다. 특히 전압, 전류, 모터 출력 등과 큰 상관관계를 가지고 있기 때문에 따로 선택할 수 없다. 기체의 무게와 탑재하는 물체의 중량, 기체의 크기에 의해서 필요로 하는 모터의 출력이 결정되며, 모터의 출력이 결정되면 비로소 적절한 크기의 프로펠러를 선정할 수 있다. 또한 프로펠러도 고속으로 회전하는 형태가 있는 반면 저속으로 회전하지만 많은 양의 공기를 밀어내는 형태의 프로펠러가 있다. 따라서 드론을 고속으로 혹은 저속으로 비행시킬 것인지 결정을 해야 한다.

BLDC 모터와 프로펠러 세트

가장 중요한 점은 프로펠러와 모터의 매칭이다. 작은 크기의 모터에 커다란 프로펠러를 사용하면 프로펠러를 움직이기 위해 과도한 전류가 흐르게 되고, 모터의 과도한 발열을 초래하여 모터 파손이나 화재를 일으킬 수 있다. 반면 커다란 모터에 작은 크기의 프로펠러를 사용하면 낮은 회전 속도로 인해 충분한 추진력을 만들어 내지 못하므로 비행이 불가능할 것이다. 특히 모터는 배터리에 큰 영향을 받기 때문에 배터리를 선택하기 전에 반드시 결정하여야 한다.

일반적으로 배터리의 전압에 따라 회전 속도가 달라지고, KV라는 단위를 사용하여 전압에 따른 회전 속도를 나타낸다. 배터리는 1셀, 2셀, 3셀 등 배터리 팩의 개수로 전압을 결정하게 되는데, 리튬 계열의 배터리는 1셀당 약 3.7V의 전압이 생성된다. 따라서 1셀 모터의 경우 보통 3.7V의 전압이 인가되며 이때, 400KV 모터의 경우 분당 1,480회 회전(1,480RPM)하게 된다.

> **RPM(분당 회전 속도) = Voltages × KV**

KV 값과 배터리 셀 이외에도 모터를 선택하기 위해서는 전력(Power)을 알아야 한다. 전력은 모터가 구동할 수 있는 최대 에너지량이며 보통 와트(Watts) 단위로 나타낸다. 전력은 프로펠러의 크기에 따라 영향을 받으며, 크면 클수록 소모 전력이 급격하게 늘어나게 되므로 전력 용량이 큰 모터를 사용하여야 한다. 결론적으로 모터 선택 시 KV 값, 허용 배터리 셀, 최대 전류를 고려해야 한다.

【 모터의 성능 표기 】

Model Name	CL-WS2315W-2822-10S1
Operating Voltage	3.6V - 14.4V
Nominal Voltage	11.1V
No Load Current	450mAh
Stall Current	30.245A
KV	1700KV
Torque	2059.48gf.cm

위의 성능표에 따르면 해당 모터는 1셀에서 3셀 사이의 전압을 가지는 리튬 폴리머 혹은 리튬 이온 배터리에서 작동하며, 1V당 1,700RPM의 회전 속도를 가지는 것을 알 수 있다. 이때 Stall Current는 모터의 최대 출력을 의미하는 것이 아니다.

프로펠러는 모터에서 얻은 동력을 바탕으로 드론을 가속하거나 띄어 올릴 수 있도록 양력과 추력을 만들어 내는 장치이다. 따라서 비행 성능에 결정적인 영향을 미치게 되며, 비행 성능 이외에도 진동, 소음 수준 등을 결정한다. 프로펠러를 선택하기 위해서는 비행 거리, 비행 속도 등 기체의 물리적인 요구 성능을 결정하여야 하며, 기체의 크기가 크고 무거울수록 큰 프로펠러를 선택해야 한다.

$$T = \rho V^2 D^2 \times fr \left(\frac{ND}{V\alpha} \right)$$

ρ : 공기의 밀도, V : 비행 속도, D : 프로펠러의 지름, N : 회전 속도

대부분 모터와 프로펠러는 배터리의 셀 단위로 선택하며, 2~4셀 배터리를 사용하는 모터의 경우 약 5인치 ~ 11인치 정도의 프로펠러를 사용한다. 반면에 1~2셀을 사용하는 소형 모터의 경우 2인치~ 5인치 정도의 소형 프로펠러를 많이 사용한다.

프로펠러를 선택하기 위해서는 기체의 크기와 총 이륙 중량(MTOW)을 알아야 하며 모터의 출력도 고려하여야 한다. 보통 기체의 크기에 따라서 총 이륙 중량이 결정되므로 다음의 범위에서 프로펠러와 모터를 선택하는 것이 좋다.

모터 사이 거리	프로펠러 직경	모터 크기(지름)	KV
150mm 이하	3인치 이하	18mm 이하	3,000KV 이상
180mm	4 ~ 5인치	18 ~ 22mm	2,400 ~ 2,800KV
210mm	5 ~ 6인치	22 ~ 24mm	2,000 ~ 2,600KV
250mm	5 ~ 7인치	22 ~ 26mm	1,800 ~ 2,400KV
350mm	6 ~ 8인치	24 ~ 28mm	1,600 ~ 2,400KV
450mm	7 ~ 9인치	26 ~ 30mm	1,200KV 이하

배터리 선택하기

배터리는 기체의 비행 제어 유닛과 모터에 동력을 공급한다. 따라서 안정적인 전원 공급 여부가 굉장히 중요하며 전류량, 전압, 최대 방전율을 잘 따져 보아야 한다. 대표적으로 많이 쓰이는 배터리 종류는 리튬 계열로 크게 두 가지로 나뉘며 각각 리튬 이온(Li-Ion) 배터리와 리튬 폴리머(Li-Po)로 나뉜다. 리튬 계열 배터리는 단위 부피당 면적이 크며, 방전율이 크고 메모리 현상이 없으나, 충격·파손으로 인한 화재·폭발 위험이 크며, 과전압으로 충전하거나 특정 전압 이하로 내려 갈 경우 배터리 셀 자체가 파손이 될 우려가 있다.

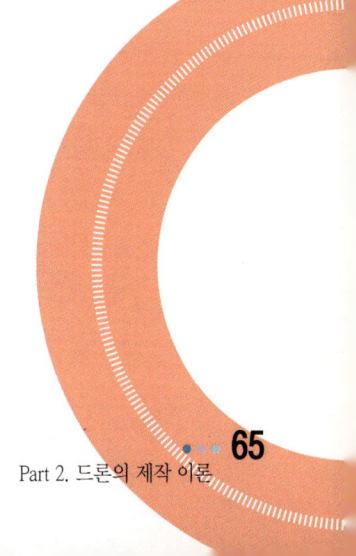

리튬 이온 배터리

리튬 폴리머 전지

【 배터리 성능 표기 】

Discharge Rate	20C
Burst Rate	30C
Nominal Voltage	7.4V
Capacity	2000mAh
Dimension	138mm(W) × 45mm(D) × 19.8mm(H)
Weight	112g

　　배터리는 항상 모터와 연동되어 사용되기 때문에 배터리를 선정하기 전에 모터에 인가 가능한 전압 범위를 확인하여야 한다. 또한 배터리의 용량이 크면 클수록 비행 시간이 길어지지만, 용량에 정비례하는 것은 아니며 배터리의 무게로 인해 비행 시간과 탑재 중량에 제한이 생기게 된다. 따라서 적절한 크기와 무게의 배터리를 선택하는 것이 매우 중요하다. 통상 배터리 무게는 전체 중량의 40%를 넘지 말아야 하며 이를 넘길 경우 비효율적인 동력 구조로 인해 비행 속도의 저하를 초래한다.

동체 선택하기

　　드론의 동체는 외부의 환경으로부터 내부 기자재를 보호하면서 기체의 외형을 결정하고 운동 성능을 결정하는 부품이다. 따라서 가볍고 튼튼한 재질로 이루어져야 하는데, 가공이 쉽고 가격이 저렴한 플라스틱이 가장 널리 쓰인다. 플라스틱은 온도가 낮은 겨울철에 딱딱해지고 잘 부러지는 단점이 있으나, 기계적 강도가 비교적 뛰어나고 가격이 저렴하며 무게가 가벼워 드론을 비롯한 다양한 항공기 소재로 사용된다. 최근에는 굽힘에 대한 저항이 크고 외형이 아름다우며 같은 무게의 철보다 강도가 수십배 강하고 고분자 소재로 이루어진 탄소 복합 소재가 각광받고 있다. 부식이 일어나지 않는 장점이 있지만 모양을 만드는 작업인 성형이 힘들고 다양한 제작 공정으로 이루어져 있어 가격이 굉장히 비싼 단점이 있다.

따라서 동체를 선택할 때는 적절한 디자인을 가졌는지, 내가 가진 부품과 호환되는지를 잘 검토한 다음 선정하여야 한다. 특히 모터가 결합되는 부분을 모터 마운트라고 하는데, 서로 대각선 방향에 위치한 모터 마운트의 간격이 기체의 크기를 가늠하는 기준이 된다. 예를 들어 대각선에 위치한 서로 다른 두 모터 마운트의 사이 거리가 120mm일 경우 120급 드론, 180mm일 경우 180급 드론으로 명명하며, 각종 대회를 비롯하여 드론의 체급을 가늠하는 기준이 된다. 또한 모터 마운트의 개수에 따라 쿼드콥터, 헥사콥터 혹은 옥타콥터 등으로 불린다.

다양한 카본 프레임(250급)

다양한 카본 프레임(120급)

Chapter 5
소프트웨어와 드론

소프트웨어는 하드웨어와 비교되어 자주 언급되는데, 보통 컴퓨터 프로그램을 보여 주는 형태로 표현한다. 엄밀한 의미에서의 소프트웨어는 컴퓨터 혹은 임베디드 시스템에 저장되어 목적을 이루기 위해 제작되고 구동되는 컴퓨터 프로그램을 말한다. 반면에 하드웨어는 우리가 실질적으로 만지거나 볼 수 있는 형태의 부품으로, 다양한 전기·전자 부품이 밀집되어 있는 인쇄 회로 기판(Printed Circuit Board, PCB) 등을 의미한다.

● **소프트웨어란?**

컴퓨터 혹은 임베디드 시스템에 저장되어 특정한 목적 혹은 다양한 목적을 이루기 위해 제작되고 구동되는 컴퓨터 프로그램

최근 소프트웨어와 이를 이용한 다양한 기술이 주목받고 있다. 특히 빅 데이터, 자율 주행 자동차, 인공 지능은 다양한 소프트웨어가 결합된 기술이라고 할 수 있다. 이러한 소프트웨어 기술의 발전은 우리의 삶과 사회에 혁명적인 변화를 가져오고 있다. 소프트웨어는 다음과 같은 이유로 주목받고 있다.

● **소프트웨어의 필요성**

1. 인류가 일하는 방식을 획기적으로 바꾸는 기술이다.
2. 기존 제품에 소프트웨어를 접목하여 재해석할 수 있는 도구이다.
3. AI 등을 활용하여 인류의 기술 개발을 가속화시키는 촉매 역할을 한다.
4. 투명하고 깨끗하고 신뢰할 수 있는 사회를 구축하는 밑거름이 되고 있다.
5. 다양한 서비스와 재화를 제공하고 효율적으로 분배하여 경제적인 가치를 창조한다.
6. 방대한 분야에서의 플랫폼을 제공한다.

소프트웨어의 기술

최근 개발 및 제작되는 항공기 비용의 약 30% 이상은 소프트웨어 비용이 차지하고 있다. 특히 드론 제작에 있어서 소프트웨어는 가장 핵심적인 기술인데, 그 중에서도 다양한 센서 값을 읽고 필요한 값을 얻어 내

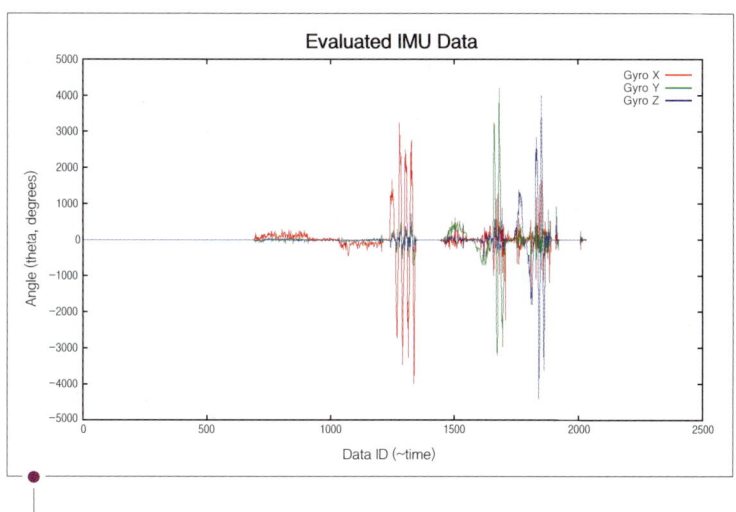

IMU 센서 데이터 융합

는 디지털 신호 처리 기술(Digital Signal Processing, DSP)과 조종자가 원하는 자세를 유지할 수 있도록 만드는 자동 제어(Automatic Control) 기술이 가장 중요하다고 할 수 있다.

디지털 신호 처리 기술은 각종 센서로부터 다양한 정보를 받아 원하는 형태의 정보를 얻도록 가공하는 기술을 말하며, 드론에 있어서는 자기 자신의 위치와 자세를 측정할 때 사용된다. 위치와 자세를 측정하기 위

▶ 드론의 소프트웨어 블록 다이어그램(Block Diagram)

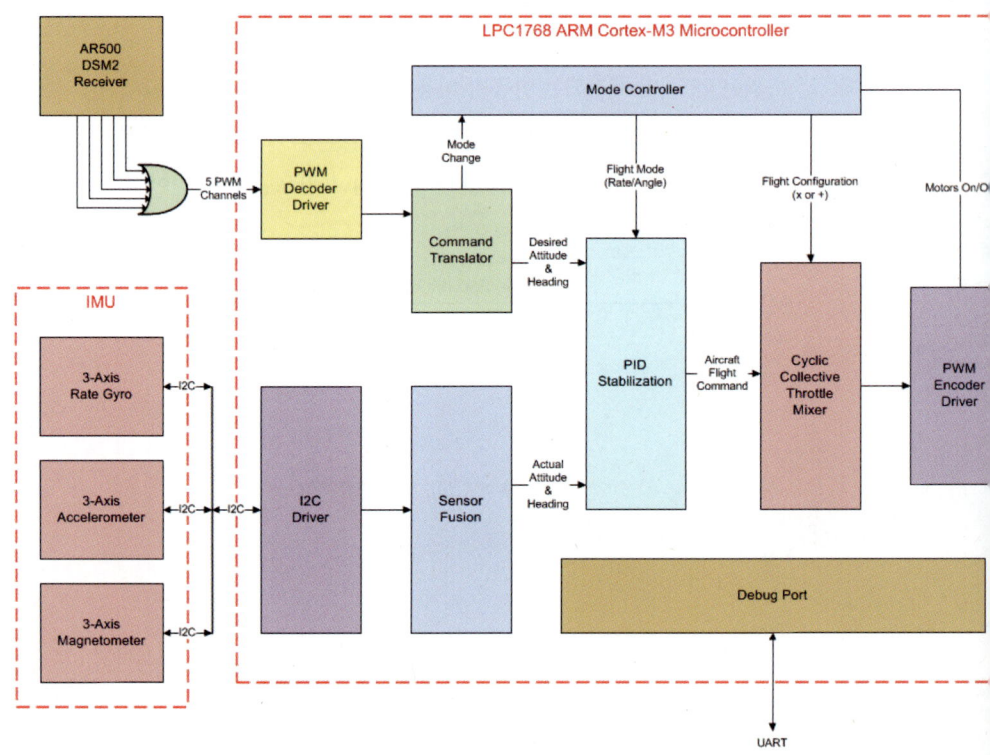

해서는 보통 자세 측정 센서가 많이 쓰이며, 자세 측정 센서는 가속도를 측정하는 가속도 센서와 회전 속도를 측정하는 자이로 센서가 있다. 가속도 센서는 지구 중력과 드론에 작용하는 힘을 항상 감지하여 자세를 측정하고 자이로 센서는 드론이 얼마나 빨리 회전하는지 감지하여 알려주는 역할을 한다. 드론에 있어서의 디지털 신호 처리 기술은 자이로 센서와 가속도 센서 값을 읽은 후 드론의 자세 값과 위치 정보로 변환하는 역할을 담당하고 있다.

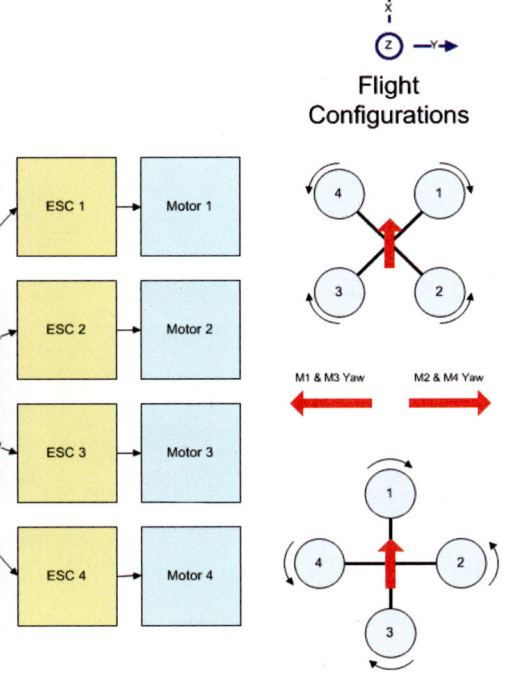

Part 2. 드론의 제작 이론

반면에 자동 제어 기술은 신호 처리 기술을 적용하여 얻은 자세 값과 위치 값을 바탕으로 드론의 자세와 위치를 직접적으로 제어하는 역할을 담당한다. 이때 사용되는 자동 제어 기술은 단어 그대로 무언가를 자동으로 제어하는 기술을 말하며, 사람이나 외부의 도움 없이 스스로 작동하여 무언가를 제어하는 것으로 제어하는 대상을 플랜트(Plant), 실질적으로 일을 하여 플랜트를 제어하는 것을 구동기(Actuator, 액추에이터)라고 한다.

또한 구동기를 제어하기 위해 적절한 수학적 계산을 수행하여 제어 신호를 생성하는 것을 제어기(Controller)라고 부른다. 우리가 흔히 쓰는 시스템(System)은 플랜트와 액추에이터, 제어기를 한 데 묶어서 부르는 말이며, 자동 제어 시스템(Automatic Control System)이라고 한다.

소프트웨어의 요소

드론에 있어 소프트웨어는 자세를 측정하고 각 모터의 출력을 제어하는 등 가장 핵심적인 역할을 담당하고 있다. 소프트웨어의 특성에 따라서 다양한 비행 특성을 나타낼 수 있으며, 특히 고속 및 급격한 기동을 할 때 소프트웨어의 안정성이 크게 중시된다. 드론에 사용되는 소프트웨어는 보통 C 언어와 C++ 언어를 주로 사용하며, 임베디드 시스템의 형태에 따라서 JAVA나 Python과 같은 고급 프로그래밍 언어를 사용할 수 있다.

이렇게 중요한 드론의 비행 제어 소프트웨어는 보통 크게 3가지 부분으로 나누어져 있다. 첫 번째로 자세 및 방위 측정 시스템(Attitude & Heading Reference System, AHRS) 혹은 자세 측정 시스템(Attitude Reference System, ARS)으로 불리는 자세 측정 모듈이며, 두 번째로는 측정된 자세 값을 바탕으로 원하는 자세·속도·위치를 유지하기 위해 자동

적으로 각 모터의 출력을 제어하는 PID 제어기 모듈이 있다. 마지막으로 세 번째 모듈은 조종자의 각 명령을 송수신하고 기체의 비행 정보를 보내는 통신 모듈에 대한 내용으로, 프로토콜(Protocol)을 통해 안정적으로 보내는 것이 핵심 요소이다.

【 모듈별 역할 】

명칭	역할
AHRS 모듈	기체의 관성 측정 장치(IMU)로부터 자세에 대한 기초적인 정보를 제공받아 가공하여 기체의 위치 및 자세를 측정하는 모듈
PID 모듈	측정된 위치 및 자세 값을 기반으로 각 모터의 적절한 출력을 계산하는 자동 제어 모듈
통신 모듈	블루투스, Wi-Fi, 지그비 등과 같은 통신 모듈을 사용하고 비행 제어 유닛과 조종사 간의 각종 데이터 송수신을 중개하는 모듈

최근에는 오픈 소스를 기반으로 하는 비행 제어 소프트웨어의 발달과 저렴한 장비의 생산을 기반으로 보다 쉽게 드론을 제작할 수 있게 되었다.

Chapter 6
비행 제어 유닛의 구성

비행 제어 유닛은 크게 하드웨어 부분과 소프트웨어 부분으로 나눌 수 있으며, 각 기능별로 세부적으로 분류할 수 있다.

대분류	소분류	역할
하드웨어	관성 측정 장치(IMU)	• 내장된 가속도 센서 및 자이로 센서를 통하여 기체의 관성력을 측정하는 장치 • AHRS, INS 등의 기초 자료를 제공
하드웨어	모터 드라이버 (ESC)	• 브러시 DC 모터 혹은 브러시리스 DC(BLDC) 모터를 구동하기 위한 물리적인 전기 회로 • 소프트웨어가 포함되기도 함.
하드웨어	전원 관리 유닛(PPU)	• 각 모터와 프로세서에 안정적인 전원을 공급하기 위한 전기 회로 • 기체의 내부 전기 회로를 보호하는 역할도 함.
소프트웨어	AHRS 모듈	• 기체의 자세를 측정하는 모듈 • IMU의 정보를 바탕으로 기체의 자세, 위치를 측정
소프트웨어	항법 모듈	• AHRS 값을 기반으로 하는 관성 항법 장치(Inertial Navigation System, INS)와 인공위성의 삼각 측량 방식을 기반으로 하는 위성 항법 장치(Global Navigation Satellite System, GNSS) 등으로 구성
소프트웨어	PID 모듈	• 조종자의 제어 값과 자세 값을 서로 비교하여 각 모터의 출력을 결정하는 모듈 • 기체를 직접 구동
소프트웨어	통신 모듈	• 조종사와 드론 간의 정보를 주고받는 매개체 • 안정적인 정보의 송신 및 수신이 가능하도록 구성

비행 제어를 위한 소프트웨어는 보통 비행 제어 소프트웨어라고 부르며 AHRS, INS, GNSS, PID 등과 같은 다양한 기능을 구현하는 데 있어서 중추적인 역할을 하고 있다. 하드웨어가 제공하는 각종 센서 정보와 비행 정보를 적절하게 가공하여 사용자가 원하는 형태 혹은 비행에 필요한 정보를 제공하는 역할을 하며, 각각의 기능을 구현하는 기술은 드론 제작에 있어서 핵심적인 기술이므로 가장 많은 시간과 노력을 들이는 부분이다. 비행 제어 소프트웨어는 프로그래밍에 대한 다양한 지식을 필요로 하고 자동 제어, 항법 시스템, 공업 수학 등과 같은 다양한 분야의 지식과 경험이 필요하므로 제작하기 까다로운 부분이라고 할 수 있다.

【 비행 제어 소프트웨어 구성도 】

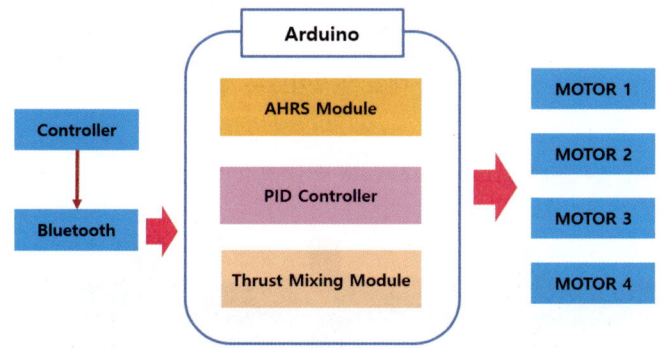

Chapter 7
지상 제어 시스템(Ground Control System, GCS)

지상 제어 시스템은 단어 그대로 지상에서 드론을 조종하기 위한 체계(System)를 의미하며 작게는 한 손으로 조종할 수 있고 조이스틱이 달려 있는 형태의 소형 조종기에서부터 커다란 컴퓨터를 기반으로 작동하는 제어 시스템까지 규모와 종류가 다양하다. 지상 제어 시스템은 드론이 사용자(조종사)가 의도한 대로 움직이도록 제어 신호를 보내거나 드론

옵티멈 솔루션(Optimum Solution) 사의 지상 제어 스테이션(GCS)

이 수집하여 보내는 각종 비행 정보 혹은 유의미한 정보를 받아들여 조종사가 쉽게 파악할 수 있도록 지원하는 시스템이다. 따라서 스마트폰, 태블릿 PC, 컴퓨터와 같은 형태로 구성할 수 있으며, 단순히 드론을 제어하는 경우 제어기(Controller)라고 부른다. 지상 제어 시스템은 드론과 직접적인 연결을 담당하는 통신 시스템, 드론에 보낼 제어 신호를 만드는 조종 시스템, 드론이 보내온 각종 정보를 가공하여 보여 주는 시현 시스템으로 구성된다. 군사용 드론과 같이 크고 가격이 비싸며 다양한 임무를 수행하는 드론을 사용할 경우 한 명 이상의 조종사가 조종하는 경우도 있다. 이때 드론을 점검하고 조종하는 조종사를 보통 영어로 오퍼레이터(Operator)라 하는데, 실제 항공기 조종사와 비슷한 경력을 가지고 있는 경우도 있다.

지상 제어 시스템이 중요한 이유는 드론과 사람을 이어 주는 역할을 하기 때문이다. 따라서 지상 제어 시스템은 최대한 간결하고 많은 정보를 보여 줄 수 있어야 하고, 항상 드론과 연결되어 언제든지 조종사의 명령을 송신할 준비가 되어 있어야 한다. 뿐만 아니라 빠르게 이동하여 탐사를 하거나 각종 정보를 수집하는 드론의 특성상 지상 제어 유닛도 쉽게 이동할 수 있도록 작고 가벼워야 한다.

최근에는 사람이 직접 드론을 일일이 통제하는 지상 제어 시스템을 넘어서 컴퓨터 스스로 상황을 인식하고 판단하여 적절한 행동을 하거나 임무를 계획하는 등 인공 지능과 드론이 결합하고 있는 추세이다. 인공 지능 드론 제어 시스템은 야간 우범 지역 감시, 산불 감시, 재난 예방 등 다양한 목적으로 사용될 수 있으며, 궁극적으로는 자율 주행을 통한 화물 운송, 사회 안전망 구축 등 인류의 삶과 경제 그리고 사회에 있어서 큰 변화를 몰고 올 수 있을 것이다.

실질적으로 현재까지 구현된 지상 제어 시스템은 우리가 일상생활에서 흔히 사용하고 있는 데스크톱 컴퓨터를 기반으로 구현된 것이 대부분이다. 윈도 혹은 리눅스와 같은 운영 체제를 쓰는 데스크톱 컴퓨터

는 상대적으로 제어 시스템을 만들기 쉽고 가격이 저렴하며 사용 방법이 익숙한 운영 체제를 기반으로 작동되므로 널리 쓰이고 있다. 가장 기본적이면서도 단순한 지상 제어 시스템은 3D Robotics 사의 Mission Planner가 있다. Mission Planner는 기체의 종류, 자동 제어 시스템, 항법 시스템 등과 같은 기체의 설정 정보를 변경시킬 수 있을 뿐만 아니라, 지도를 기반으로 하는 웨이 포인트 항법(Waypoint Navigation), 실시간으로 영상을 송·수신하는 영상 스트리밍 기능 등을 갖추어 초보자도 쉽게 드론을 오토 파일럿(Autopilot) 모드로 사용할 수 있도록 구성하였다. 특히 Mission Planner는 소스 코드를 공개하는 오픈 소스 정책을 통하여 다양한 기능을 쉽게 추가하거나 제거할 수 있으며, MAVLink라는 별도의 제어 프로토콜(Protocol)을 사용하여 드론을 제어하므로 드론을 제어하기 위한 통신 규칙(Protocol)을 사용자가 원하는 대로 변경할 수 있다.

3D Robotics 사의 Mission Planner의 소스 코드를 활용한 APM Mission Planner

【 지상 제어 시스템 특징 】

시스템 명칭	특징
Tower	• 안드로이드 스마트폰과 태블릿을 기반으로 작동 • 오픈 소스 정책(GPL v3 라이선스) • 팔로우 미 기능 포함 • Dronies(드론을 사용한 셀카 촬영) 가능 • 3D Mapping
Mission Planner	• Windows, Mac OS X, Linux 운영 체제를 기반으로 작동 • 가장 다양하고 강력한 기능을 가지고 있음. • 오픈 소스 정책(GPL v3 라이선스)
APM Planner	• Windows, Mac OS X, Linux 운영 체제를 기반으로 작동 • 오픈 소스 정책(GPL v3 라이선스) • Mission Planner의 부가 기능을 축소한 플랫폼
MAVProxy	• Linux 기반의 지상 제어 시스템 • 파이선(Python) 언어로 제작 • 오픈 소스 정책(GPL v3 라이선스) • GUI와 지도를 기반으로 임무 설정 가능
AndroPilot	• 안드로이드 스마트폰과 태블릿을 기반으로 작동 • 오픈 소스 정책(GPL v3 라이선스)
MAV Pilot	• 애플 사의 iOS를 탑재한 아이폰, 아이패드 플랫폼에서 작동 • ArDrone 등에 사용 • PX4 Flight Stack 지원 • 오픈 소스 정책(GPL v3 라이선스)
iDroneCtrl	• 애플 사의 iOS를 탑재한 아이폰, 아이패드 플랫폼에서 작동 • 915MHz, 433MHz의 액세서리를 이용하여 제어 • 완전 유료화 애플리케이션
qGround Control	• Windows, Mac OX, Linux, 안드로이드 플랫폼에서 작동 • 오픈 소스 정책(GPL v3 라이선스) • 자세 정보 시현 • Native PX4 stack 지원

Part 3
드론 DIY

Chapter 1
교육 기자재 소개 및 개요

본 책에서 레퍼런스로 활용할 에듀콥터 시리즈는 드론의 핵심 요소인 비행 제어 유닛(FCU)과 비행 제어 소프트웨어를 쉽고 간편한 임베디드 프로그래밍 플랫폼인 아두이노를 기반으로 제작한 교육용 드론 제작 플랫폼이다. 특히 비행 제어 유닛은 비행에 필요한 가속도 센서, 자이로 센서 등과 같은 센서류를 포함하고 있으며, 브러시 타입(Brushed)의 직류 모터(DC Motor)를 구동하기 위해 4개 혹은 6개의 모터 드라이버를 내장하여 주로 실내에서 비행이 가능한 마이크로 드론을 별다른 센서나 회로의 추가 없이 사용할 수 있도록 구성되어 있다.

또한 원리가 복잡하고 어려운 디지털 신호 처리 기술이나 자동 제어 기술과 같은 고급 기술을 C 및 C++ 언어를 사용하여 함수 형태로 제공하고 기본적인 알고리즘과 소스 코드를 공개하여 임베디드 시스템과 드론에 관심이 있는 학생이나 일반인들이 쉽고 재미있게 임베디드 소프트웨어와 드론에 대해 배울 수 있도록 구성되어 있다. 에듀콥터 시리즈를 사용하여 드론과 드론을 제어하는 소프트웨어의 기본 원리와 프로그래밍 기법을 공부한 후 이를 응용하여 다양한 임무와 일을 수행할 수 있는 **드론을 사용자가 직접 제작하는 것을 최종적인 목표**로 삼고 있다.

【 플랫폼별 특징 및 사양 】

명칭	Educopter Nano Quad	Educopter Nano Hexa	AODS 200 Quad	AODS 350 Hexa
FCU	EDUCOPTER FCU		AODS AEROCORE FCU	
체급	120급	120급	200급	350급
무게	54g	64g	392g	522g
모터	DC Motor × 4	DC Motor × 6	BLDC Motor × 4	BLDC Motor × 6
배터리	Li-Po 3.7V 380mAh 25C	Li-Po 3.7V 600mAh 25C	Li-Po 11.1V 2000mAH 30C	Li-Po 11.1V 3500mAH 20C
통신	Bluetooth		WiFi, RF	
카메라	없음	720p	720p / 1080p	

에듀콥터 시리즈는 동일한 형태와 크기의 비행 제어 유닛을 사용하고 있다. 비행 제어 유닛에 포함되는 소프트웨어는 Aerocore™로 불리는 커널과 라이브러리 형태의 소프트웨어를 기반으로 작동하며, 사용자는 Aerocore™의 응용 프로그래밍 인터페이스(API)를 사용하여 드론의 기본적인 제어에서부터 고도의 제어까지 수행할 수 있다.

【 비행 제어 유닛의 사양 】

명칭	EDUCOPTER FCU
크기	36mm × 36mm × 0.8mm
무게	5.6g
소프트웨어 버전	Aerocore Ver 1.01
입력 전압	3.3V~17.6V
PWM 채널	6개(Pin 3, Pin 5, Pin 6, Pin 9, Pin 10, Pin 11)
탑재 센서	Accelerometer, Gyroscope, Magnetometer, Barometer
MCU	ATmega328P(5V, 16MHz)
Flash	32kb
통신	Bluetooth, WiFi(옵션), Zigbee(옵션)

교육 기자재로서 EDUCOPTER 이외에도 오픈 소스 드론 플랫폼인 Multiwii와 Ardupilot을 이용하여 소프트웨어를 업로드할 수 있다. 하지만 각각의 플랫폼이 추구하는 방향이 다르며 제어를 위한 핀의 위치와 번호가 다르므로 사용 전 반드시 사용 설명서와 데이터시트를 참조해야 한다.

Educopter FCU용
조립 완성

Chapter 2
에듀콥터의 비행 제어 소프트웨어

에듀콥터의 소프트웨어는 총 3가지 부분으로 구성되는데, 각각 조종사와 기체 간의 통신을 담당하는 부분인 무선 통신 모듈(Wireless Connectivity Module), 기체의 자세를 측정하여 제어 신호를 생성해 주는 비행 제어 모듈(Flight Control Module), 그리고 계산된 제어량에 따라 모터를 구동하는 모터 구동 모듈(Motor Driver Module)이다.

아두이노 부분에서는 기체의 자세를 측정하는 AHRS 모듈과 PID 제어기 그리고 계산된 제어량을 각 모터별로 적절히 분배해 주는 역할을 하는 Thrust Mixing Module을 포함한다. 하지만 드론을 제어하기 위해서는 막대한 연산 성능을 가진 프로세서가 필요하므로 AHRS, PID 제어기 등을 구현하기 위해 다양한 성능 최적화 기법을 도입해야 한다.

에듀콥터의 비행 제어 소프트웨어는 hex 파일로 제공되거나 오픈 소스 프로젝트 페이지를 통하여 제공하고 있다. hex 파일의 경우 보다 안정된 알고리즘이 적용된 프로그램이며, 오픈 소스의 경우 다양한 형태의 기능을 구현할 수 있으나 소프트웨어의 안정성이 떨어진다. 아두이노를 이용하여 소프트웨어를 업로드하기 위해서는 우선 USB 케이블과 아두이노 통합 개발 환경(Integrated Development Environment, IDE)이 설치되어 있는 컴퓨터가 필요하다.

비행 제어 소프트웨어를 업로드하기 위해서는 우선 컴퓨터와 아두이노를 연동시키는 작업을 해야 하며, 아두이노가 설치되어 있다면 연결 포트만 설정하면 된다.

【 에듀콥터와 컴퓨터 연결하기 】

	단계 1 제품과 함께 동봉된 USB 케이블과 컴퓨터의 USB 단자를 연결
	단계 2 컴퓨터와 연결된 USB 케이블과 비행 제어 유닛(FCU)상에 위치한 USB 단자와 결합
	단계 3 아두이노 스케치 프로그램을 다운로드 받은 후 드라이버와 함께 설치(CP2104) ■ 다운로드 : http://www.arduino.cc/
	단계 4 아두이노 스케치 프로그램의 상단의 메뉴 중 [도구] - [보드] - [Arduino Nano]를 선택
	단계 5 [Windows Key + R] 키를 눌러 실행 프로그램을 불러온 후 [devmgmt.msc]를 적고 실행

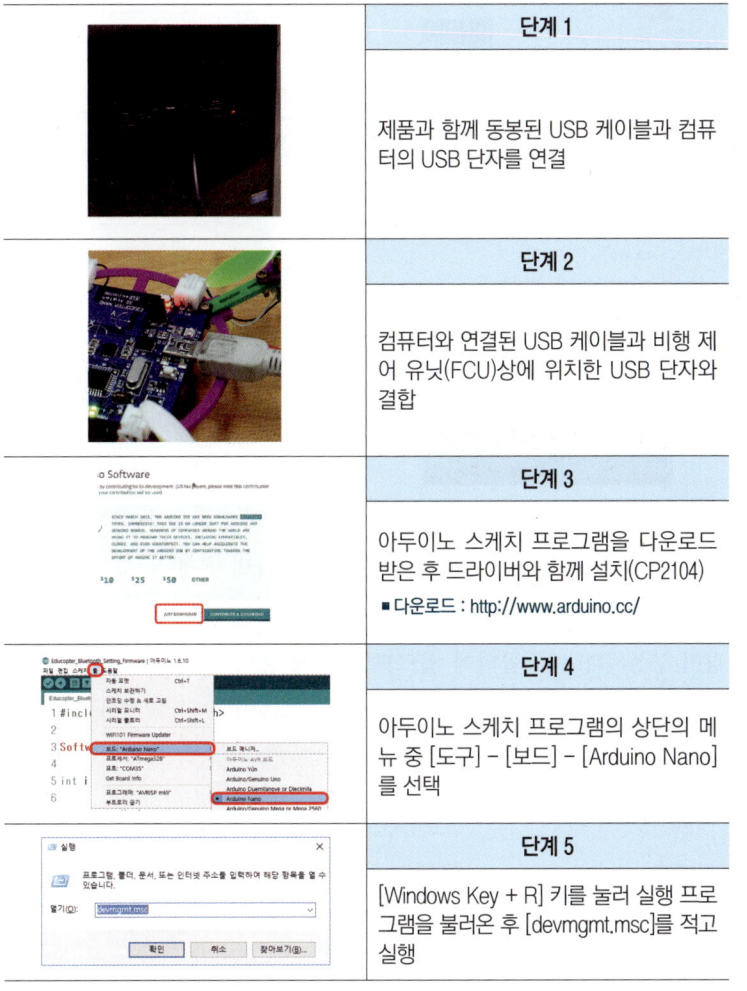

Part 3. 드론 DIY

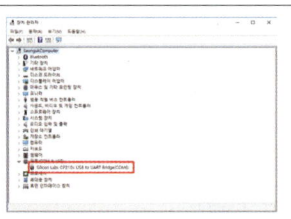	**단계 6** 포트(COM&LPT) 항목을 펼쳐 Silicon Labs CP210x의 COM 포트 번호를 기록 (Ex : COM24)
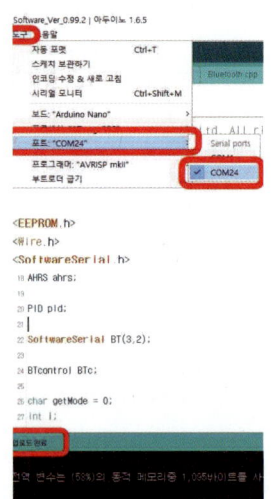	**단계 7** 아두이노 스케치 프로그램 상단 메뉴 중 [도구] - [포트] - 메뉴를 클릭하여 앞서 기록한 COM 포트를 선택
	단계 8 연결이 완료되면 업로드가 정상 작동

　　컴퓨터와 성공적으로 연결을 하게 된다면 예제 프로그램이 정상적으로 업로드되며, 이때 비행 제어 소프트웨어를 업로드시킬 수 있는 환경이 구성된다. 에듀콥터에 업로드할 비행 제어 소프트웨어는 에어로다인 홈페이지에서 다운로드할 수 있다.

【 비행 제어 소프트웨어 업로드 절차 】

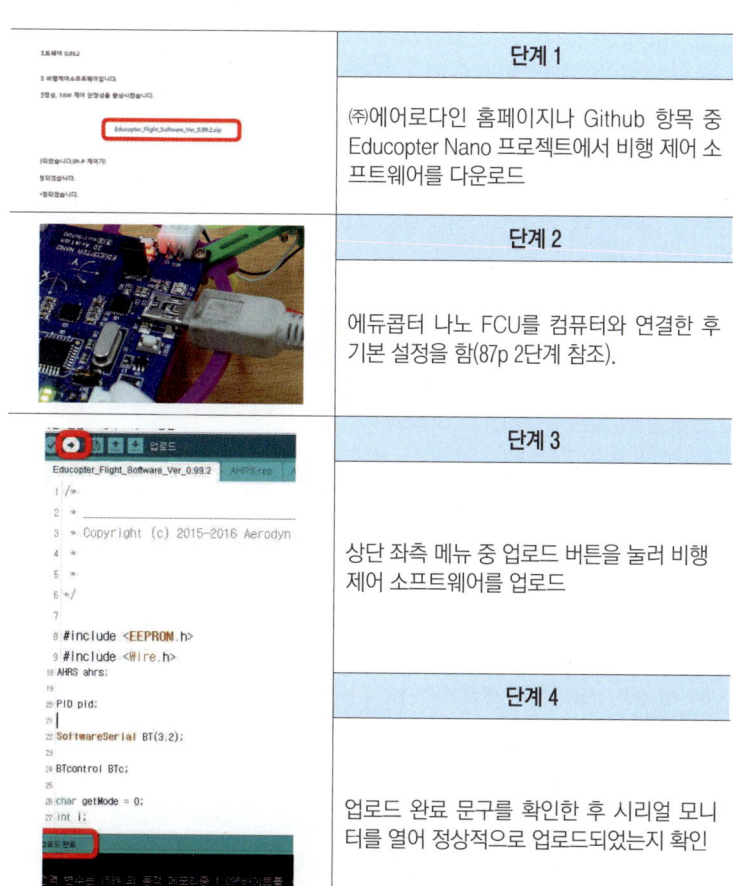

	단계 1
	㈜에어로다인 홈페이지나 Github 항목 중 Educopter Nano 프로젝트에서 비행 제어 소프트웨어를 다운로드
	단계 2
	에듀콥터 나노 FCU를 컴퓨터와 연결한 후 기본 설정을 함(87p 2단계 참조).
	단계 3
	상단 좌측 메뉴 중 업로드 버튼을 눌러 비행 제어 소프트웨어를 업로드
	단계 4
	업로드 완료 문구를 확인한 후 시리얼 모니터를 열어 정상적으로 업로드되었는지 확인

    비행 제어 소프트웨어의 업로드가 끝난 후에 스마트폰 애플리케이션을 사용하여 드론을 제어할 수 있다. 에듀콥터와 스마트폰은 블루투스 통신을 통하여 제어되며, 서로 연결 작업을 수행하여 제어 준비를 해야 한다. 이때, 드론과 조종기를 연결하는 작업을 바인딩(Binding)이라고 하며, 블루투스를 이용한 조종기 이외에도 적외선, RF 통신 등 다양한 조종기를 사용할 수 있다.

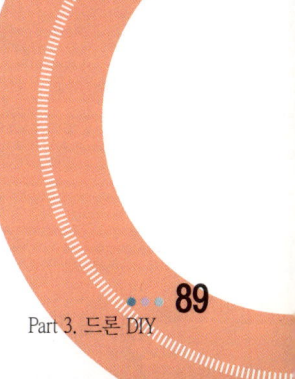

Chapter 3
비행하기

에듀콥터 시리즈는 기본적으로 블루투스 통신 모듈을 내장하고 있어 스마트폰, 태블릿 등과 같은 모바일 기기로 조종할 수 있다. 특히 블루투스 모듈의 경우 전파 간섭에 따른 수신율 저하나 연결 끊김 현상이 적으며 기기의 명칭(SSID)을 자유로이 설정할 수 있어 다양한 블루투스 기기들이 주변에 있더라도 드론을 선택하여 연결할 수 있다. 하지만 송수신 전파의 출력이 약하므로 50m 이내에서 제어가 가능하며, 그보다 멀어질 경우 연결이 끊기거나 정보가 제대로 전송되지 않을 수 있다. 따라서 에듀콥터 시리즈를 제어하기 위해서는 **항상 50m 이내**에서 비행해야 한다.

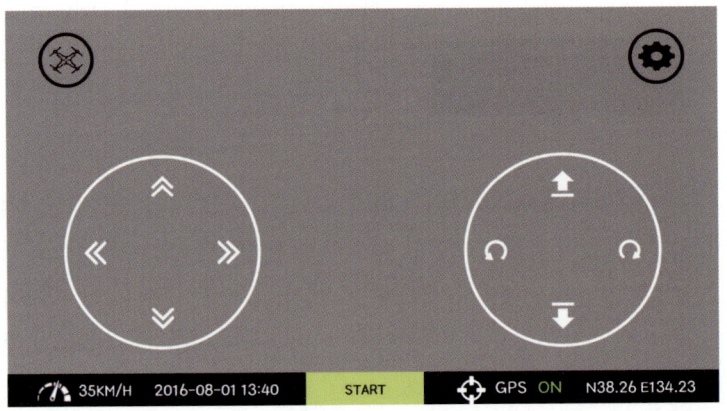

에듀콥터 시리즈를 사용하여 비행하기 위해서는 제어 애플리케이션을 설치하여야 한다. 블루투스 4.1 버전을 지원하므로 안드로이드 스마트폰 및 태블릿의 경우 OS 버전이 4.3 이상이어야 애플리케이션이 작동한다. iOS의 경우 iOS 6 이상의 버전에서만 작동하며, 애플리케이션은 Google Play나 애플 앱스토어에서 무료로 다운로드 받을 수 있다.

조종기는 크게 조종 부분과 설정 패널로 구성되어 있으며 조종기는 총 두 가지 모드를 지원한다. 조종기 모드는 Mode 1과 Mode 2로 나누어져 있으며 설정 패널에서 선택할 수 있다. Mode 1 조종기의 경우 좌측 조이스틱을 위아래로 움직일 경우 기체를 전진 혹은 후진시킬 수 있는 피치(Pitch) 제어를 할 수 있으며, 좌우로 움직일 경우 기체가 시계 방향 혹은 반시계 방향의 회전을 제어하는 요(Yaw) 제어를 할 수 있다. 우측 조이스틱을 위아래로 움직일 경우 모터의 출력(Throttle)을 제어할 수 있으며, 좌우로 움직일 경우 기체를 좌측 혹은 우측으로 움직이는 롤(Roll) 제어를 할 수 있다.

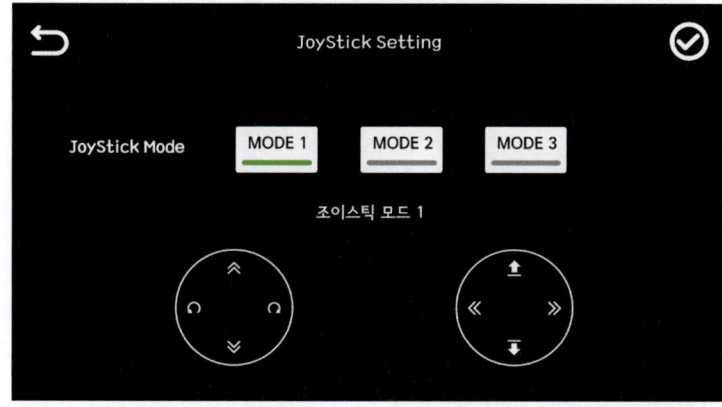

Mode 2의 경우 좌측 조이스틱에서 기체의 출력과 요 제어를 할 수 있으며, 우측 조이스틱에서는 피치 제어와 롤 제어를 할 수 있다.

【 조이스틱 조작 】

화면	조작 방법	드론의 움직임
	위/아래	모터의 출력 상승/하강 (스로틀)
	좌/우	기체가 좌/우로 회전 (요)
	위/아래	기체가 앞/뒤로 기울어짐 (피치)
	좌/우	기체가 좌/우로 기울어짐 (롤)

최근 저렴한 완구용 드론의 경우 대부분 Mode 2 조종기를 채용하여 사용하고 있으며, 기체의 앞·뒤·좌·우 방향을 제어할 수 있는 롤 제어와 피치 제어를 한 조이스틱에서 처리할 수 있는 등 조종의 직관성이 뛰어나 사용이 확산되는 추세이다.

Educopter 시리즈의 경우 Mode 2 조종기를 표준으로 제공하고, 별도의 설정을 통하여 Mode 1 조종기를 사용할 수 있으며, 설정 메뉴에서 별도의 조종 민감도도 설정할 수 있다.

Chapter 4
드론 비행 시 주의 사항

드론을 비롯한 무인 항공기는 국내의 항공법과 전파법의 규제를 받는다. 항공법상 드론은 "초경량 무인 비행 장치"에 해당되며 세부적인 내용은 항공법 시행 규칙 문서에서 확인할 수 있다. 항공법 시행 규칙에서 드론의 분류는 "항공법 제14조 6호"에 명시되어 있으며 드론을 이용한 사업에 관한 내용도 명시되어 있다. 현재 국토교통부에서 인정하는 드론을 이용한 사업은 다음과 같다.

1. 비료 또는 농약 살포, 씨앗 뿌리기 등 농업 지원 사업
2. 사진 촬영, 육상 및 해상 측량 또는 탐사 사업
3. 산림 또는 공원 등의 관측 또는 탐사 사업
4. 조종 교육 사업
5. 그 밖의 사업으로서 다음 각 목의 어느 하나에 해당하지 아니하는 사업
   - 가. 국민의 생명과 재산 등 공공의 안전에 위해를 일으킬 수 있는 사업
   - 나. 국방 및 보안 등에 관련된 사업으로서 국가 안보에 위협을 가져올 수 있는 사업

항공법 시행 규칙에서는 드론의 최대 이륙 중량(MTOW)에 대한 규제도 포함하고 있다. 기존의 항공법에서는 12Kg 이하의 무인 이동 장치에 대하여 허가 및 신고 없이 제작·비행이 가능하도록 규정하고 있으나 항공 산업을 활성화하기 위해 **2016년 7월 4일의 개정**을 통하여 최대 이륙 중량이 25kg 이하가 되도록 규제를 완화하였다.

　　또한 드론을 사용하여 항공 촬영을 하고자 할 때에는 관할 항공청과 인근 군부대에 항공 사진 촬영 허가를 받아야 한다. 특히 군부대 인근에서의 비행은 국가 안보에 위협이 될 수 있으므로 비행하지 않아야 하며, 특수한 경우에는 출동한 군부대 및 경찰에 의해 체포될 수 있다.

　　이외에도 현재의 항공법상 야간 비행 시에는 계기 비행 규칙(Instrument Flight Rules, IFR)을 따라야 하므로 시계 비행 규칙(Visual Flight Rules, VFR)으로 비행이 가능한 드론은 비행할 수 없다. 따라서 빛이 없거나 약한 일몰 이후에는 비행이 금지되어 있으므로 항상 일몰 시간을 점검하여 비행하여야 한다.

또한 비행 시 항상 주위를 살핀 후 장애물이나 사람이 없는지 확인한 후 비행을 해야 한다. 드론의 프로펠러는 빠른 속도로 회전하기 때문에 작은 크기의 포켓 쿼드콥터라도 상처를 낼 수 있다. 따라서 드론이 움직이는 범위 내에서는 사람이나 장애물이 없어야 하며, 주변 점검 이외에도 비행 중 프로펠러나 모터가 분리되지 않도록 단단히 조립하였는지 확인을 하여야 한다.

뿐만 아니라 드론에 카메라 혹은 배송 물품과 같은 수화물을 탑재하였을 때, 자동 제어기의 이득값(Gain)이 적절하지 않아 많은 진동이 발생하거나 최악의 경우 추락으로 인해 파손이 될 수 있다. 따라서 제작한 드론의 자동 제어기 이득값이 적용 가능한 중량 범위를 반드시 파악한 후 적절한 중량 이내에서만 수화물을 탑재하여야 한다. 특히 수화물을 탑재할 때 드론 본체에 대하여 앞, 뒤, 좌, 우의 균형을 맞추지 않고 하는 경우가 많으며 이럴 경우 중력 중심(Center of Gravity, CG)이 틀어져 기체가 기울거나 똑바로 비행을 할 수 없는 경우가 발생한다. 따라서 기체의 중력 중심을 항상 맞출 수 있도록 한다.

이외에도 강한 바람이 불 경우 모터의 자세 회복 능력을 넘어설 정도로 기체가 기울 수 있으므로 주의하고, 비가 내릴 경우 방수 성능이 보장되지 않은 드론은 빗방울로 인한 내부 회로의 합선 가능성이 크므로 조심하여야 한다.

※ 조종자 준수 사항 위반 행위 시 200만 원 이하의 과태료 처분
※ 사업자 등록 없이 영리 목적으로 무인 비행 장치를 사용했을 시 1년 이하 징역 또는 3천만 원 이하의 벌금 처분

Part 4

아두이노의 개념 이해

Chapter 1
임베디드 활용하기

아두이노란?

"아두이노(Arduino)는 오픈 소스를 기반으로 한 단일 보드 마이크로컨트롤러로 완성된 보드(상품)와 관련 개발 도구 및 환경을 말한다."라고 정의한다. 그리고 오픈 소스란 무료로 공개된 정보를 공유하는 소프트웨어로, 공개 소스라고도 한다. 우리는 이 공개 소스인 아두이노가 어떤 것인지, 어떻게 사용하는지 알아보기 전에 아두이노로 무엇을 할 수 있는지 살펴볼 것이다.

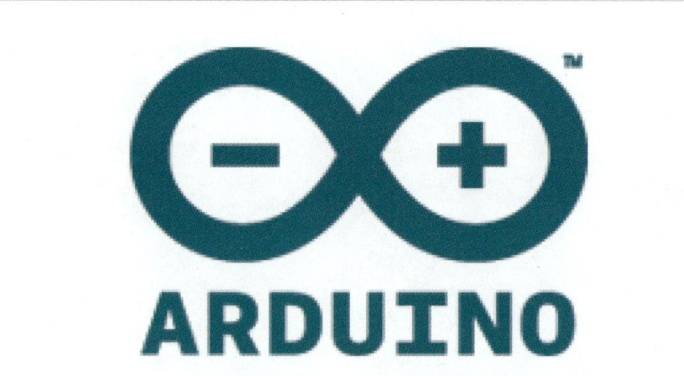

아두이노 로고

아두이노를 이용하여 만든 것 중 가장 쉽게 접할 수 있는 것이 3D 프린터이다. 일반적으로 접할 수 있는 3D 프린터는 거의 다 아두이노를 사용하여 설계한다. 또한 방과 후 수업 등에서 사용되는 조그마한 로봇들도 아두이노를 이용하는 경우가 많다.

아두이노의 가장 큰 장점은 오픈 소스를 기반으로 하는 임베디드 시스템 중의 하나로 개발이 쉬운 환경과 이를 이용하여 손쉽게 장치를 제어할 수 있다는 점이다. 장난감 회사 레고는 자사의 로봇 장난감과 아두이노를 활용한 로봇 교육 프로그램을 학생과 성인을 대상으로 북미 지역에서 운영하고 있다. 자동차 회사 포드는 아두이노를 이용해 차량용 하드웨어와 소프트웨어를 만들어 차량과 상호 작용을 할 수 있는 오픈 XC라는 프로그램을 선보이기도 했다.

아두이노 우노 보드

임베디드란?

Embedded의 사전적 의미는 '내장형'이라는 뜻이다. 그렇다면 임베디드 시스템에서는 무엇을 내장했다는 의미일까? 그것은 제어를 위한 특정 기능을 내장하는(혹은 수행하는) 컴퓨터 시스템이다.

개인용 컴퓨터와 같은 특정되지 않는 일반적인 목적(인터넷, 게임, 엔터테인먼트 감상 등)을 수행하는 컴퓨터 시스템과 대조되는 것이다. 컴퓨터에서 받은 영상 신호를 화면으로 만들어 주는 모니터도 임베디드 시스템의 일종이며, 은행 현금 입출금 기기와 지하철 검표 장치도 임베디드 시스템이다. 또한 앞으로 제작할 드론용 비행 제어 컴퓨터도 드론의 자세 제어를 위한 연산을 수행하는 시스템인 것이다.

에듀콥터 보드(드론용 임베디드 시스템)

임베디드 이용에 앞서

임베디드 시스템은 앞서 말한대로 특수 목적용 컴퓨터 시스템으로, 이를 사용하기 위해서는 컴퓨터에 대한 사전 지식이 필요하다. 각 장치가 어떤 역할을 하는지, 프로그래밍 언어는 어떤 것을 사용하는지 등이 이 사전 지식에 포함된다.

임베디드 시스템의 기본 구성 요소로는 CPU와 메모리, 주변 장치가 있다. CPU는 Central Processing Unit의 약자로, 사람이 내리는 명령어를 직접 수행하는 장치이다. 명령이란 덧셈, 뺄셈, 곱셈, 나눗셈 등의 기본 사칙연산과 같은 것이다.

메모리는 명령에 사용될 자료를 저장하는 곳인데, 컴퓨터에게 2 + 3을 수행하라고 명령하면 CPU는 2와 3이라는 데이터를 메모리에서 불러와 스스로 덧셈을 하고, 5라는 결과를 다시 메모리에 저장한다.

주변 장치에는 ADC, DAC, 전원 관리 모듈, 각종 주변 통신 장치 등이 있다. 이에 대한 자세한 내용은 실습을 진행하면서 배워 보자.

임베디드 시스템의 기본 구성 요소 외 실제로 이 장치에 명령을 하기 위해서는 사람과 컴퓨터 간의 의사소통에 이용될 언어가 필요하다. 컴퓨터는 0과 1만 이해할 수 있고, 이를 기계어라 하는데, 모든 프로그램의 기본이 된다. 이를 사람이 조금 더 알아보기 쉽게 만든 언어가 '어셈블러'라고 하는 기계어 번역 프로그램이며, 더욱 인간 친화적으로 프로그램에 기계어 명령을 내릴 수 있게 하는 것이 C 언어이다. 임베디드 시스템을 개발할 때는 대부분 이 C 언어를 이용하면 아두이노 역시 C 언어가 개선된 버전인 C++을 이용한다(물론 C 언어로도 프로그래밍이 가능).

컴퓨터가 이해할 수 있는 언어(0과 1)

 **아두이노 사용하기**

아두이노를 사용하려면 컴퓨터와 아두이노 보드, USB 케이블과 아두이노 프로그램이 필요하다. 아두이노 보드는 에듀콥터 보드를 대신 사용하도록 한다. 에듀콥터 패키지에 USB 케이블이 들어 있나 확인하도록 하자. 위 4가지 준비물이 전부 다 모였다면, 우선 아두이노의 홈페이지 (http://www.arduino.cc)에 들어가 보자.

└ 아두이노 홈페이지

홈페이지의 위쪽 메뉴에서 [Home], [Buy], [Download] 등 탭을 볼 수 있다. 여기서 [Download] 탭을 누르면,

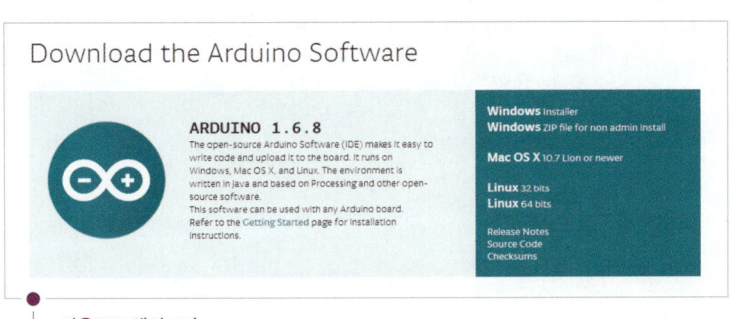
└ 다운로드 탭의 모습

아두이노 프로그램을 다운받을 수 있다. 여기에서는 Windows를 기본 운영 체제로 보고, [Windows Installer]를 선택하자. 아두이노는 오픈 소스로 회로가 공개되어 있어 누구나 이용할 수 있다. 하드웨어는 다른 제조사들도 만들어서 판매하고 있으므로 아두이노 재단은 3달러부터 50달러까지, 혹은 더 많은 금액도 기부를 받고 있다. 우리는 사용하기 전이니 그냥 다운로드 받기로 하자. [$25]와 [$50] 아래에 보면 [JUST DOWNLOAD]를 볼 수 있다. 이것을 클릭하고, 설치하면 된다.

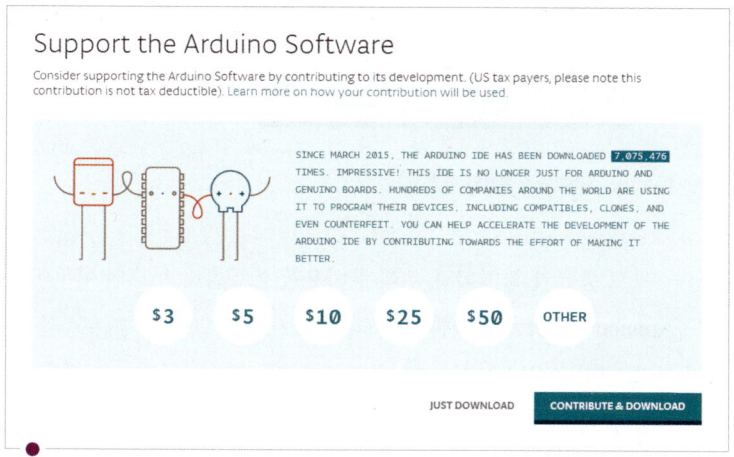

└─ 다양한 금액을 기부할 수 있는 아두이노 기부 페이지

설치가 끝났으면 프로그램을 실행해 보자. 아두이노 프로그램은 크게 메뉴 표시줄, 프로그램을 입력하는 텍스트 편집 창, 프로그램의 결과를 나타내 주는 결과 표시 창의 3가지로 나뉜다.

앞으로 할 실습에서 사용하기 위해 미리 스케치북과 에듀쿱터를 연결할 수 있게 설정하자. 먼저 에듀쿱터 보드를 컴퓨터와 연결하고, 뒤에 [도구] 탭을 눌러 [보드:]에 마우스를 대어 보자. 설정은 메뉴 표시줄의 [도구] 탭에 있다.

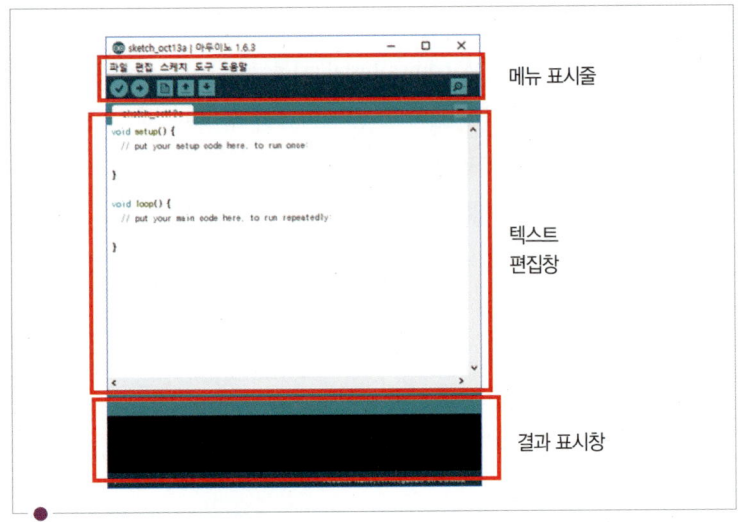

└ 아두이노 스케치북을 실행한 화면

　　　　보드 종류가 확인되면 우리가 사용할 에듀콥터 보드인 아두이노 나노[Arduino Nano]를 선택한다. 그리고 그 아래 [포트:]에 마우스를 가져가 보자. 아마 [COM숫자]가 한 개 뜰 것이다. 그것을 선택하면 된다. 안 뜨면 손을 들어 선생님에게 도움을 구하자. 이것으로 아두이노를 사용하기 위한 모든 준비가 끝났다.

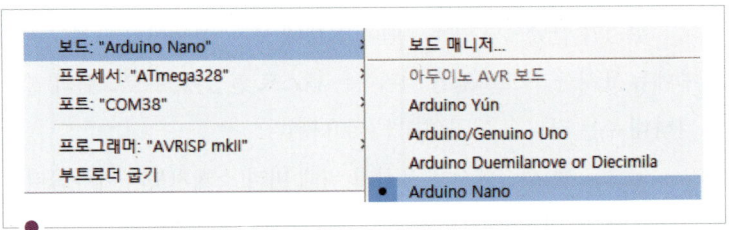

└ 아두이노 스케치북을 설정하는 방법

Part 4. 아두이노의 개념 이해

Chapter 2
C 언어 배우기

변수형과 연산자

임베디드 시스템을 개발하기 위해서 알아야 하는 C 언어와 컴퓨터의 기본적인 구조를 알아보자. 컴퓨터는 고성능 계산기로, 모든 명령을 계산으로 처리한다. 가장 기본이 되는 사칙연산의 곱셈과 나눗셈을 컴퓨터는 각각 *, /의 연산자로 표현한다.

> 7 + 4 = 11
> 7 − 4 = 3
> 7 * 4 = 28
> 28 / 3 = 9
> 28 % 3 = 1

첫 번째, 두 번째, 세 번째 예시는 쉽게 이해할 수 있을 것이다. 네 번째 예시를 보자. 기본적으로 컴퓨터는 나눗셈을 할 때 소숫점 연산을 생략한다. 따라서 네 번째 연산 28 나누기 3은 몫인 9만 결과로 띄워 준다. 그리고 다섯 번째 예시에서 새로운 연산 기호를 볼 수 있을 것이다. % 연산자는 나머지를 계산해 주는 연산자이다. 즉 28 나누기 3의 몫 9는 생략하고 나머지 1을 계산해 준다.

자주 사용하는 연산자 중 비교 연산자가 있다. 두 값을 큰지, 작은지, 같은지 비교하는 연산자이다. ==, !=, >, >=, <, <=의 6종류가 있다.

```
== 같다
!= 같지 않다
< 크다
<= 크거나 같다
> 작다
>= 작지 않다
```

결과는 참이면 1, 거짓이면 0이다. 예를 들면

```
3 == 3 = 1
3 <= 2 = 0
5 != 5 = 0
```

그런데 왜 같다를 =를 사용하지 않고 ==를 사용할까? 그 이유는 이미 = 연산자를 대입 연산자로 사용하기 때문이다. y=ax+b라는 함수가 있을 때 = 연산자는 y에 ax+b의 결과를 넣으라는 의미로 이용된다. 이와 같은 방식이 컴퓨터에서도 적용된다. 컴퓨터에 실제로 y=a*x+b라는 수식을 입력하면 y는 항상 ax+b의 결과 값이 대입되게 된다.

컴퓨터는 0과 1만 이용하므로, 숫자나 문자를 저장할 때도 0과 1의 숫자를 이용해서 저장한다. 정수의 경우 십진수를 이진수의 형태로 바꾸어 저장하면 되니 문제가 없지만, 문자를 이용하고 싶을 때는 그것이 불가능하다. 따라서 숫자에 따른 문자를 지정해 두고 사용한다. 예를 들면 숫자 65에 대응하는 문자는 A이고, 66에 대응하는 문자는 B, 97에 대응하는 문자는 a가 되는 방식이다. 그리고 이것이 숫자인지 문자인지를 알려 주기 위해 값을 쓰기 전 숫자인지 문자인지 명령어로 알려 준다.

이때 사용하는 것이 '변수형'이라는 것이다. 변수형을 나타내는 것에는 크게 정수형, 실수형, 문자형이 있다. 정수형이란 소수점이 없는 정수 형태의 숫자를 저장하는 변수형이다. 즉 1, 0, -100 등의 숫자를 저장하기 위해 사용한다. 실수형은 0.1, -3.7과 같은 소숫점을 포함하는 숫자를 나타낼 때 사용한다. 문자형은 문자 'a', 'B', '!' 등과 같은 문자를 저장하는 데 이용하는 변수형이다.

함수란?

다음은 함수에 대해서 배워 보자. 프로그래밍에서 함수도 수학에서의 함수처럼 일반화된 수식이라고 볼 수 있다. 컴퓨터에서 함수를 쓰는 이유는 컴퓨터는 원래 계산기로 복잡한 연산을 하기 위해 존재하는 것으로, 복잡한 연산을 여러 번 사용할 때 편리하기 때문이다. 즉, $y=ax^2+bx+c$라는 계산을 10번 하고 싶은데, 그 수식을 10번 쓰는 것은 불편하므로 $y=f(x)$라고 두고 계산 때마다 $f(3)$과 같은 방식을 이용하는 것이다.

컴퓨터에서 사용하는 함수의 기본 형태는 다음과 같다.

```
출력 형태 함수이름(입력 값)
{
          함수 본문
          출력 값
}
```

수학에서 값은 출력 값이 되고, 함수 본문은 ax^2+bx+c, 함수 이름은 f, 입력 값은 x가 된다. 출력 형태는 앞서 배웠던 변수형이 포함된다. 이는 출력 값인 y의 형태를 의미한다. 실제로 y=3x+5를 컴퓨터의 함수로 표현하고 싶으면,

```
int f(int x)
{
    int y;
    y = 3x+5;
    return y;
}
```

로 함수를 정의하고, 필요할 때마다

```
add = f(3)
```

과 같은 형태로 함수를 호출하면 된다. 그럼 add에는 f(3)의 계산 결과인 14가 저장된다.

🍀 데이터 입출력과 라이브러리

우리가 다루는 아두이노라는 장치에는 계산기만 달려 있다고 볼 수 있다. 즉 사람의 뇌만 있고 눈, 코, 입과 같은 데이터를 얻을 수 있는 장치가 빠져 있다. 그래서 일반적으로는 필요한 센서들을 연결해서 사용하는데, 이 센서로부터 데이터를 받을 때에는 정해진 방식으로 데이터를 주고받아야 한다.

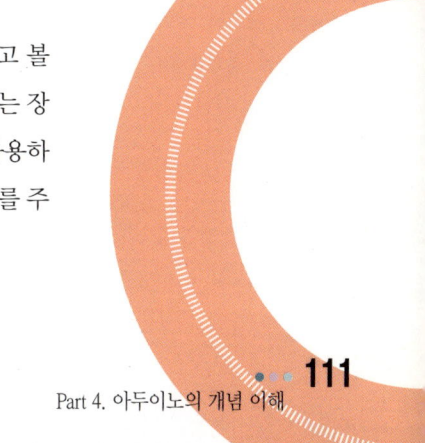

이 정해진 방식을 프로토콜이라 하며, 아두이노에서 사용하는 것은 UART와 I2C(IIC)라는 프로토콜이다. 에듀콥터 보드에서 연결된 것은 UART는 블루투스로 조종기의 조종 신호를 주고받는 것이고, I2C는 모션 센서라고 하는 기울어짐을 감지하는 것이다. 이 프로토콜은 헤더 파일에 미리 정의되어 있다. 헤더 파일이란 주로 사용되는 변수·함수들을 미리 모아 둔 파일을 의미한다. UART와 I2C가 정의된 헤더 파일의 이름은 [SoftwareSerial.h]와 [Wire.h]라는 파일이다.

그럼 각 프로토콜의 기본 통신 방식을 보자. 두 통신 모두 기본 전송 단위로 1바이트(8비트)의 데이터를 사용한다. 이를 패킷이라고 한다. 그러나 UART 통신은 1 : 1 통신으로 주소 없이 데이터만 전송되면 되고, I2C의 경우 1 : N(1 : 다수) 통신으로 각 패킷마다 통신하고자 하는 장치의 주소가 포함되어야 한다. 따라서 UART의 경우 사용하는 변수는 데이터를 저장하는 공간 한 개이지만, I2C의 경우 장치의 주소와 데이터를 저장하는 공간이 두 곳이다.

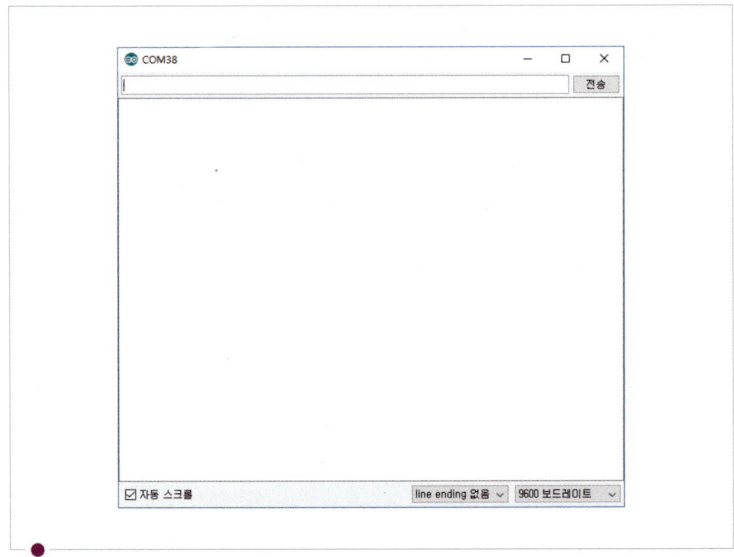

└ 아두이노 시리얼 모니터를 실행한 모습

또한 데이터 출력의 방법은 크게 2가지가 있다. 디지털과 아날로그인데, 디지털은 숫자로 직접 화면에 띄워 주는 방식이고 아날로그는 모터의 회전 세기 혹은 LED 전구의 밝기 등으로 표현하는 방법이다. 원래 디지털이란 분리된 혹은 끊어진 숫자를 의미하는데, 즉 0, 1, 2, 3...과 같은 띄엄띄엄 있는 숫자가 해당된다. 이와 달리 연속된 값을 의미하는 아날로그에는 자동차의 속도계, 수은 온도계 등 대체적으로 사람이 인지하는 것들이 많다.

이제 실제로 아두이노에서 사용하는 것을 보자. 아두이노에서 사용하는 디지털 출력 중 가장 많이 사용하는 것이 UART 통신을 컴퓨터화하여 컴퓨터의 모니터에 값을 띄워 주는 것이다. 이 경우 아두이노 스케치북에 '시리얼 모니터'라는 기능을 이용한다. 아날로그의 경우에는 기본 아두이노 보드에서는 L이라는 보드에 내장된 LED를 주로 사용한다. 이 LED를 주기적으로 깜빡거리거나 밝기를 조절해서 사용하는 것이다. 자주 사용하는 각 헤더 파일에 포함되는 함수는 다음과 같다.

■ **SoftwareSerial.h**
- **begin(speed)** : UART 통신에서의 BAUDRATE를 설정하고 소프트웨어 UART 사용 선언
- **available( )** : UART 수신 FIFO 버퍼에 읽혀지지 않은 바이트 수를 반환
- **read( )** : UART 수신 FIFO 버퍼를 읽어 들임.
- **write("내용")** : UART 송신 FIFO에 "내용"을 작성(상대가 수신 상태가 된 경우 자동 전송)

■ **Wire.h**
- **begin(주소)** : I2C 통신 모듈 사용(주소값 없을 시 마스터, 주소값 작성 시 슬레이브로 작동)
- **write(데이터)** : I2C로 데이터 전송
- **beginTransmission(주소)** : I2C 마스터로 작동 시 주소값의 디바이스와 통신 시작
- **endTransmission( )** : I2C 마스터 작동 시 디바이스와의 통신 종료
- **read( )** : I2C로 전송되는 데이터 수신

Part 5 아두이노의 실습

Chapter 1
시리얼 통신을 이용한 블루투스 실습

앞에서 배운 데이터 입출력 라이브러리를 이용하여 블루투스 모듈을 설정하고, 데이터를 송수신하는 실습을 해보자. 블루투스 모듈은 시리얼 통신을 이용하고, 통신의 기본 속도는 9600bps이다. 따라서 처음 보드를 사용할 때에는 블루투스 모듈과의 통신 속도를 **9600**으로 설정하고 사용하여야 한다.

```
#include <SoftwareSerial.h>

SoftwareSerial bluetooth(7, 4); // RX, TX

void setup() {
Serial.begin(9600);
bluetooth.begin(9600);

Serial.println("Bluetooth Connected");
}

void loop() { // run over and over
if (bluetooth.available()) {
  Serial.write(bluetooth.read());
```

```
  }
  if (Serial.available()) {
    bluetooth.write(Serial.read());
  }
}
```

이 코드는 컴퓨터와 블루투스 모듈 사이에서 아두이노가 UART 브릿지 역할을 해 주는 코드이다. 즉 유저가 컴퓨터에서 작성한 UART 데이터를 블루투스 모듈로 전송해 주고, 블루투스 모듈의 UART 데이터를 사람이 볼 수 있게 컴퓨터로 전송해 주는 역할을 한다. 코드를 자세히 보자.

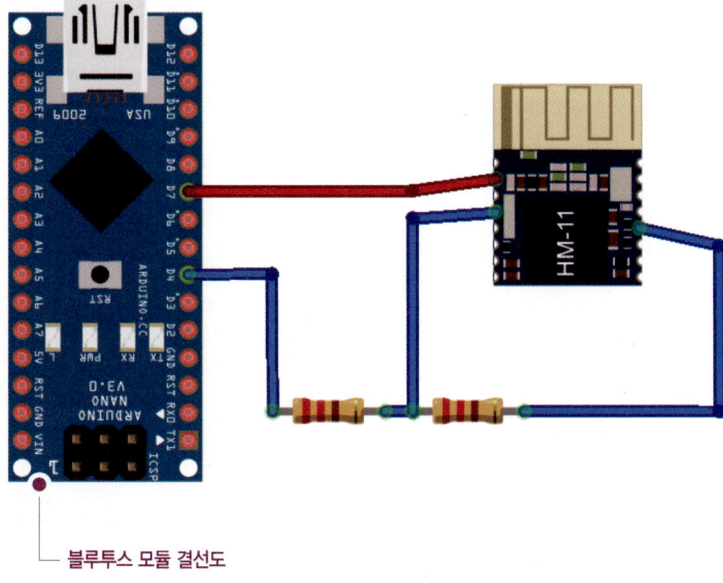

└ 블루투스 모듈 결선도

맨 위의 SoftwareSerial bluetooth(7, 4);의 의미는 소프트웨어 시리얼로 블루투스와 7번과 4번 핀을 이용하여 연결하겠다는 의미이다. 즉 유저가 실제로 사용할 핀 번호를 아두이노에게 알려 주는 역할이다. 그리고 아래에 있는 begin이 포함된 두 문장은 앞서 헤더 파일 및 함수에서 설명했던 대로, UART 시리얼 통신을 9600bps로 시작하겠다는 의미이다. Serial.begin(9600)은 컴퓨터와 아두이노의 통신 속도를 9600으로, bluetooth.begin(9600)은 블루투스와 아두이노의 통신 속도를 9600으로 시작하겠다는 의미이다. 그 아래의 Serial.println 문장은 아두이노가 컴퓨터로 큰따옴표 내부의 메시지를 전송하는 명령어이다. 즉 아두이노가 컴퓨터와 연결되었다면, 컴퓨터로 Bluetooth Connected라는 메시지를 전송한다. 여기까지가 처음 한 번 실행되는 void setup 구문이다.

이제 반복문을 보자. 반복구문은 void loop()에서 대괄호에 묶여 있는 내용이다. 이는 전원이 인가되어 setup()이 실행되고 난 후부터 전원이 끊겨 아두이노의 시스템이 정지될 때까지 반복 수행하는 명령이다. 이 코드에서는 총 4개의 명령이 포함되어 있다.

---

if (bluetooth.available()) : 만약 bluetooth로부터 받은 시리얼 데이터가 있을 경우 아래의 명령을 실행하라.

Serial.write(bluetooth.read()) : 블루투스에서 받은 데이터를 컴퓨터로 전송하라.

---

if (Serial.available()) : 만약 컴퓨터로부터 받은 시리얼 데이터가 있을 경우 아래의 명령을 실행하라.

bluetooth.write(Serial.read()) : 컴퓨터에서 받은 데이터를 블루투스로 전송하라.

이 코드는 처음 컴퓨터와 블루투스를 9600bps로 시리얼 통신을 시작하고, 컴퓨터에서 받은 데이터는 블루투스로, 블루투스에서 받은 데이터는 컴퓨터로 전원이 종료될 때까지 전송하는 프로그램이다. 이제 이것을 통해 블루투스 모듈을 설정하는데, AT 커맨드라는 독특한 방식의 설정법을 사용한다. 사용 방법은 **AT + 설정명[설정값]**이다.

AT : 연결 테스트
AT + NAME[이름] : 이름을 변경하는 AT 코드
AT + BAUD[속도] : 연결 속도를 변경하는 AT 코드

예를 들면 먼저 연결을 확인할 때 쓰는 커맨드에서 위 코드를 아두이노에 업로드하고, 시리얼 모니터를 실행하면 첫 화면은 Bluetooth Connected라고 뜰 것이다. 입력창에 AT라고 작성해 보면, 아마 OK라고 화면에 뜰 것이다. 이는 블루투스 모듈이 AT라는 명령을 받았을 경우 OK라고 회신하는 것이다.

AT+NAMEEDUCOPTER라고 작성하면 OK+SetName : EDUCOPTER라는 메시지를 받을 수 있을 것이다. 이후 스마트폰에서 블루투스를 검색하면 EDUCOPTER라는 블루투스를 검색할 수 있다.

마지막 설정으로 전송 속도를 바꿔 보자. 전송 속도는 BAUDRATE라고 하는데, 이를 바꾸기 위해서는 AT+BAUD2를 전송하면 된다. 이는 속도를 4배 빠른 38400으로 바꾸는 것으로, OK+SET:2라는 메시지가 전송될 것이다. 이후에는 앞의 아두이노 코드를 전부 38400으로 바꿔 주고, 시리얼 모니터의 전송 속도 또한 38400으로 바꾸어서 작동시킨다. 결국, 위 코드의 begin(9600)을 전부 begin(38400)으로 바꾸는 것이다.

이제 실제로 블루투스를 통해 데이터를 전송해 보자. 스마트폰에서 BLE Chat 애플리케이션을 다운로드하자.

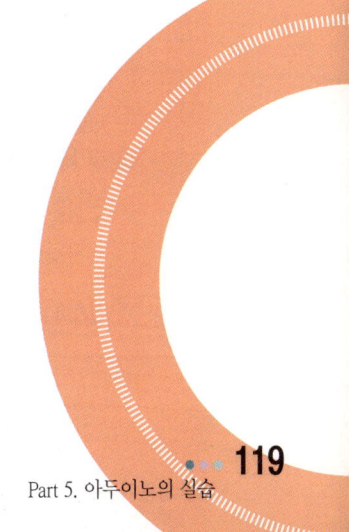

BLE Chat

　　BLE Chat 애플리케이션을 실행하였으면, 블루투스를 검색하여 아까 설정했던 이름의 EDUCOPTER와 연결해 보자. 에듀콥터 보드에서 Bluetooth LED의 깜빡임이 멈추고 불이 계속 켜져 있는 것을 볼 수 있을 것이다. BLE Chat의 메시지창에 Hello라고 작성하고 전송을 눌러 보자. 컴퓨터의 아두이노 시리얼 모니터에 Hello란 메시지가 뜰 것이다. 시리얼 모니터의 입력 창에 Hi라고 작성하면 BLE Chat의 창에 Hi라는 메시지가 뜰 것이다. 이런 식으로 메시지를 주고받는 형태로 드론에 조종기 메시지를 전송하고, 드론의 배터리나 여러 가지 상태를 전송하게 된다.

에어로다인 블루투스 설정하기

1 펌웨어 개요

　　㈜에어로다인의 에듀콥터 시리즈는 블루투스 모듈을 기본으로 탑재하고 있습니다. 따라서 블루투스 모듈을 사용자에 맞게 설정하여야 사용할 수 있으며, 특히 타인이 함부로 접속할 수 없도록 비밀번호 및 ID를 설정하여야 합니다. 본 펌웨어는 블루투스 모듈의 환경 설정을 위한 모듈이며, 자동화된 설정 모듈과 수동 설정 모듈이 있습니다. 자동 모듈은 별도의 ID와 비밀번호를 설정할 수 없으나, 한 번의 펌웨어 업로드를 통하여 쉽고 빠르게 사용할 수 있다는 장점이 있습니다. 반면 수동 설정 펌웨어의 경우 사용자가 원하는 대로 ID와 비밀번호를 설정할 수 있으며 강력한 보안 기능을 제공합니다.
　　본 펌웨어를 적용하기 위해서는 다음과 같은 프로그램이 필요합니다.

- 수동 설정 펌웨어 : 아두이노(Arduino) 통합개발환경(IDE)
- 자동 설정 펌웨어 : 엑스로더(xLoader)

각각의 프로그램은 에어로다인의 홈페이지나 아두이노 공식 홈페이지에서 다운로드할 수 있습니다.

2 사용 방법 및 절차

1. 다운로드 받은 압축 파일을 압축 해제합니다.
2. [Educopter_Bluetooth_Setting_Firmware] 폴더 안의 [Educopter_Bluetooth_Setting_Firmware.ino] 파일을 더블 클릭하여 아두이노 IDE 프로그램을 실행합니다.
3. 컴퓨터와 Educopter FCU를 동봉된 USB 케이블을 사용하여 연결합니다.
4. Educopter FCU 표면에 위치한 블루투스 상태 창 옆에 있는 흰색 버튼을 약 3초간 눌러 줍니다.
5. 아두이노 프로그램의 상단 메뉴 중 [툴] – [보드] – [Arduino Nano]를 선택합니다.
6. 다시 상단 메뉴 중 [툴] – [프로세서 : "ATmega328"]로 설정되어 있는지 확인합니다.
7. 다시 상단 메뉴 중 [툴] – [포트] 메뉴로 들어가서 연결된 COM 포트를 선택합니다.
   ※ COM 포트 번호를 확인하기 위해서는 홈페이지 내의 일반 자료실에 위치한 "COM 포트 번호 확인하기" 글을 꼭 읽어 주세요.
8. 상단 메뉴의 바로 아래에 위치한 프로그래밍 메뉴 중 왼쪽 두 번째 아이콘을 눌러 프로그램 업로드를 수행합니다.
9. 업로드가 완료된 후 우측 상단에 위치한 시리얼 모니터를 실행시킵니다.
10. 위쪽 텍스트 창에 "AT"라는 단어를 입력하여 전송을 누릅니다.
11. "OK"라는 단어가 나타나는지 확인합니다.
    ※ OK라는 단어가 나타나지 않을 경우 일시적인 오류일 수 있으니 AT라는 단어를 2~3번 전송해 보시기 바랍니다.
12. 블루투스 검색 이름을 설정하기 위해 위쪽 텍스트 창에 AT+NAME[설정이름]을 입력하여 전송합니다.
    ※ 전송 후 OK+Set : [설정 이름]이 나오는지 확인하시기 바랍니다.
    ※ 이름은 영문으로 13자리 이내로 설정하여야 합니다.
13. 블루투스 연결 비밀번호를 설정하기 위해 위쪽 텍스트 창에 AT+PASS[비밀번호]를 입력하여 전송합니다.
    ※ 전송 후 OK+Set : [비밀번호]가 나오는지 확인하시기 바랍니다.
    ※ 비밀번호는 숫자 6자리만 설정할 수 있습니다(Ex : 123456).
14. 통신 속도를 설정하기 위해 위쪽 텍스트 창에 AT+BAUD2을 입력한 후 전송합니다.
    ※ 전송 후 OK+Set : 2가 나오는지 확인하시기 바랍니다.
    ※ BAUD0 : 9600bps(Default), BAUD1 : 19200, BAUD2 : 38400, BAUD3 : 57600
15. 설정을 저장하기 위해 위쪽 텍스트 창에 AT+RESET을 입력한 후 전송합니다.
    ※ 전송 후 OK+RESET이 나오는지 확인하시기 바랍니다.
16. 시리얼 모니터와 아두이노 프로그램을 종료합니다.

Chapter 2
PWM 실습

컴퓨터는 0과 1을 포함하는 디지털 값만 사용하고, 사람은 기본적으로 아날로그 신호를 인식한다. 그럼 컴퓨터는 어떻게 사람이 알아볼 수 있는 아날로그 신호를 만들어 낼까? 대표적으로 두 가지 방법이 있다. 하나는 디지털 신호를 아날로그 신호로 바꿔 주는 장치를 사용하는 것이고, 하나는 사람의 느린 감각을 속여 디지털을 아날로그처럼 보이게 하는 것이다. 보통 후자가 여러 장점이 있어 많이 사용된다.

사람의 눈은 사진이 초당 30회만 바뀌어도 영상으로 인식하고, 소리도 돌고래처럼 초음파를 들을 수 없다. 따라서 빛을 초당 30회 이상 빠르게 껐다 켜면 사람은 계속 켜져 있는 상태로 느끼게 된다. 이때, 꺼진 시간과 켜진 시간의 비율을 조정해서 밝기를 바꾸는 것처럼 느끼게 하는 것이다. 이 방식을 PWM(Pulse Width Modulation, 펄스 폭 변조 방식) 이라고 한다.

다음 그림에는 듀티 사이클이 다른 3가지의 PWM 신호가 그려져 있다. 이 펄스가 앞서 말한 대로 사람이 느낄 수 있는 것보다 빠르게 반복될 경우, 10% 듀티 사이클에서는 최대 전압의 10% 정도의 출력을 아날로그 신호로 출력하는 것과 같은 신호를 만들 수 있다. 50% 듀티 사이클에서는 최대 전압과 최저 전압의 절반 정도의 출력을 내는 것과 같은 신호를 만들 수 있고, 90% 듀티 사이클에서는 반대로 최대 전압의 90%의 출력을 낼 수 있는 것이다. 이를 이용하여 LED의 밝기 제어나 모터의 회전 속도 제어와 같은 아날로그 장치의 제어가 가능해진다.

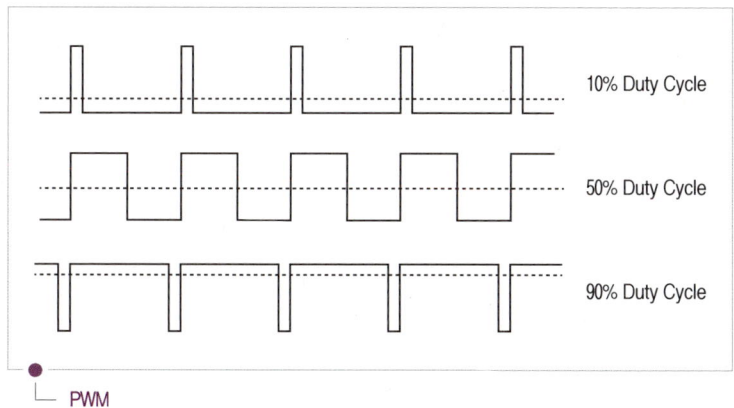

PWM

다음과 같이 코드를 작성하면,

```
void setup() {
pinMode(13,OUTPUT);
}

void loop() { // run over and over
digitalWrite(13,HIGH);
delay(20);
digitalWrite(13,LOW);
delay(30);
}
```

LED가 빠르게 깜빡거리는 것을 볼 수 있을 것이다. 이것은 LED를 1초에 20번 깜빡거리게 하는 코드이다. 즉 50밀리초마다 LED가 깜빡거리는데, 이 중 20밀리초는 켜져 있고 30밀리초는 꺼져 있는 것이다. 여기에서 delay시간을 조절해 보면,

```
void setup() {
pinMode(13,OUTPUT);
}

void loop() { // run over and over
digitalWrite(13,HIGH);
delay(2);
digitalWrite(13,LOW);
delay(8);
}
```

1초에 100번 LED가 깜빡거린다. 100번의 깜빡거림은 사람이 인지할 수 없기 때문에, LED가 켜져 있는 것처럼 보일 것이다. 위 코드는 20%의 듀티 사이클을 가지는 코드이다. 이번엔 delay의 2와 8을 서로 바꿔 보자. 듀티 사이클이 80%일 때 LED가 더 밝아지는 것을 알 수 있을 것이다.

PWM은 임베디드를 사용할 때 매우 많이 사용되는 것으로, 이를 직접 만들어 주는 하드웨어들이 임베디드 시스템 내부에 내장되어 있다. 물론 아두이노를 포함해서 말이다. 이를 사용하는 법은 위에서 했던 실습보다 훨씬 간단하다. 다음과 같이 결선하고 코드를 작성해 보자.

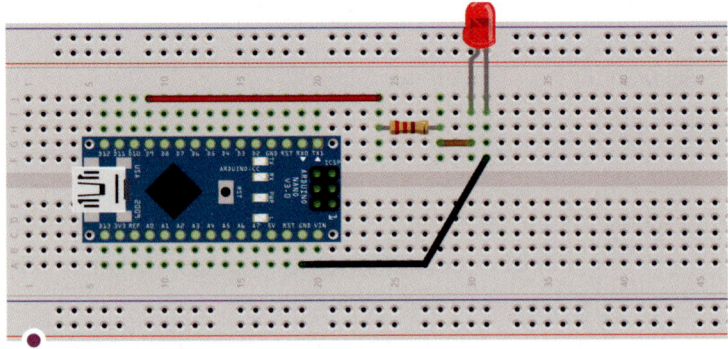

아두이노와 LED 결선 방법

```
void setup() {
pinMode(9,OUTPUT);
analogWrite(9,50);
}

void loop() { // run over and over

}
```

　코드에서 PWM 신호는 analogWrite(핀 번호,듀티비)로 사용할 수 있다. 에듀콥터 보드의 경우 3, 5, 6, 9, 10, 11번 총 6개의 핀이 하드웨어 PWM을 지원한다. 따라서 핀 번호에는 6가지 핀만 사용되어야 한다. 듀티비는 0부터 255까지의 값을 사용할 수 있으며, 255가 들어가면 듀티비가 100%, 0이 들어가면 0%의 듀티비로 작동한다. 50의 값을 적으면 약 20%의 출력을 만들어 낸다. 따라서 위 코드는 9번 핀으로 20%의 듀티비를 가지는 PWM 신호를 출력하는 코드임을 알 수 있다.

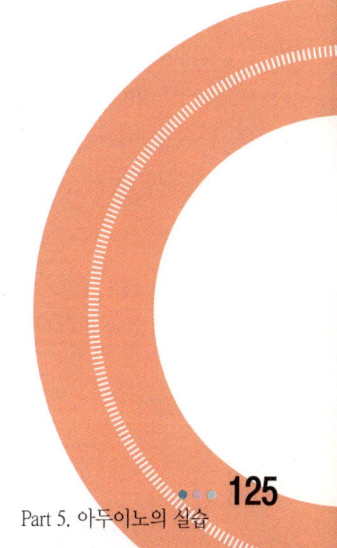

Chapter 3
기울기 센서를 통한 밝기 조절 실습

에듀콥터 보드에는 기울기 센서(모션 센서)가 내장되어 있다. 센서 이름은 MPU-6050으로, I2C라는 프로토콜을 이용해서 센서의 데이터를 주고받는다. 이것은 이전 시리얼 통신보다 빠르고, 다수의 장치를 연결할 수 있으나 코드의 난이도가 더 어렵다.

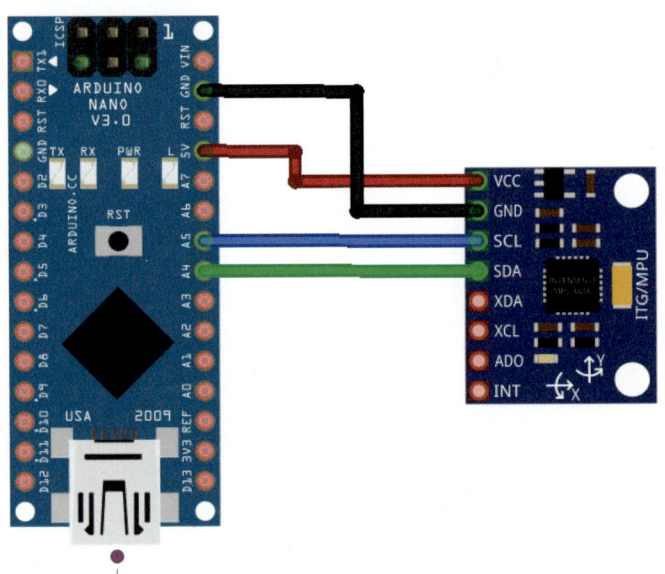

└ 기울기 센서의 내부 결선도

우선 http://www.aerodyn.co.kr에 접속, [다운로드-교육 자료-MPU6050_raw 프로젝트] 게시글에 들어가 센서의 데이터를 읽어 오는 소스 코드를 다운받는다. 파일명은 MPU6050_raw.zip이며, 압축을 해제하면 총 9개의 파일이 추가된다. 여기서 [MPU6050_raw.ino] 파일을 실행하자. 이 파일에 보면 72번째 라인에 setup() 함수가 존재한다. 아두이노를 설정하는 것을 보자. 컴퓨터와 시리얼 통신을 38400bps로 초기화하고, I2C 프로토콜을 이용하기 위해 I2C 하드웨어를 초기화한다. 이 초기화 코드 내부에는 센서의 주소를 설정하고, 센서와 속도를 맞추는 등의 센서를 사용하기 위한 각종 설정들이 포함되어 있다. 그리고 다음과 같이 센서와의 연결을 테스트하여 연결에 성공할 경우 성공 메시지를 반환하고 데이터를 전송하는데, 실패할 경우 실패 메시지만을 반환한다.

└ 모션 센서의 데이터를 컴퓨터로 반환해 주는 화면

이제 이 각도를 이용하여 LED 밝기를 제어해 보자. 실습에 앞서 한 가지 개념이 필요하다. 임베디드나 컴퓨터의 프로그램을 다음 컨베이어 시스템에 빗대어 보자. 컨베이어 벨트의 양 옆으로는 물건을 처리하는 사람이 있고, 벨트 위에는 상자가 담겨서 그 상자에 물건이 들어 있다. 메모리 박스가 시간에 따라 지나간다. 함수는 위치에 따라 고정되어 있으므로, 자신이 사용할 메모리가 올 때까지 작동하지 않고 기다린다. 메모리가 도착하면, 즉 함수가 실행될 시점에 도착하면 그 함수는 메모리를 이용하여 데이터를 처리하거나, 메모리에 데이터를 저장한다.

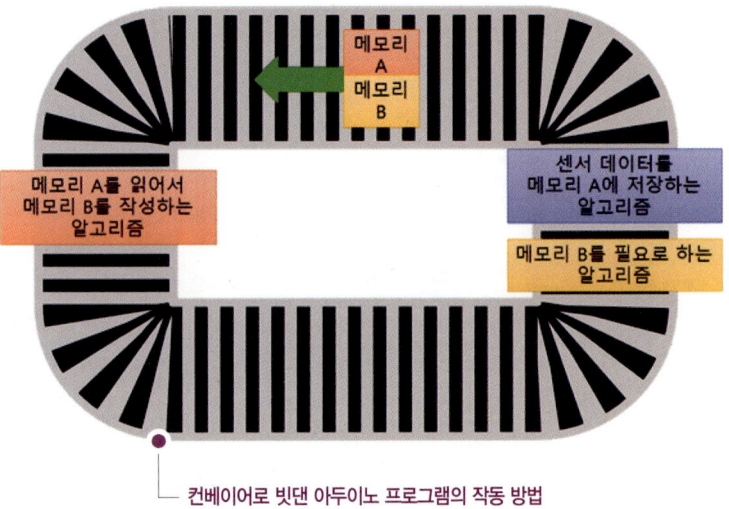

컨베이어로 빗댄 아두이노 프로그램의 작동 방법

좀 더 쉽게 예를 들면, 앞서 받은 MPU6050_raw 프로그램은 기울기 센서에서 현재 기울기를 받아서 "degree"라는 메모리에 저장하는 프로그램이다. 앞의 컨베이어에서 '**센서 데이터를 메모리 A에 저장하는 알고리즘**'만 구현되어 있는 것이다. 이를 기울기에 따라서 모터의 속도를 제어하는, 즉 메모리 degree를 읽어서 모터를 작동시키는 프로그램을 구현하여 보자.

모터를 작동시키는 방법은 앞과 같이 analogWrite를 이용한다. 기존 코드는 그냥 유지한 채 다음 코드를 삽입해 보자.

```
void loop(){
    analogWrite(9,degree);
```

앞선 LED 제어와는 다르게 analogWrite의 데이터에 숫자가 아닌 degree 메모리를 대입한다. 이는 degree라는 메모리의 칸에 있는 데이터를 읽어서 사용하겠다는 의미이다. 업로드가 완료되었으면 보드를 움직여 보자.

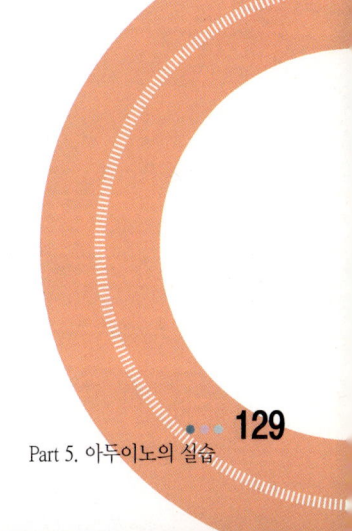

Chapter 4
블루투스로 데이터를 주고받기

이번엔 기울기 대신 블루투스로 값을 주면서 모터를 제어해 보자. 블루투스로 데이터 송수신하기의 코드를 대부분 가져온다.

```
#include <SoftwareSerial.h>

SoftwareSerial bluetooth(7, 4); // RX, TX

void setup() {
    Serial.begin(38400);
    bluetooth.begin(38400);

Serial.println("Bluetooth Connected");
}

void loop() { // run over and over
if (bluetooth.available()) {
    Serial.write(bluetooth.read());
}
if (Serial.available()) {
    bluetooth.write(Serial.read());
}
}
```

블루투스 챕터를 끝냈으면 위와 같은 코드를 가지고 있을 것이다. 위 코드를 수정해 보자.

```
#include <SoftwareSerial.h>

SoftwareSerial bluetooth(7, 4); // RX, TX

char btdata;
void setup() {
   Serial.begin(38400);
   bluetooth.begin(38400);

Serial.println("Bluetooth Connected");
}

void loop() { // run over and over
if (bluetooth.available()) {
  btdata = bluetooth.read();
  Serial.write(btdata);
  analogWrite(9,btdata);
}
if (Serial.available()) {
  bluetooth.write(Serial.read());
}
}
```

이것은 블루투스에서 받은 데이터를 btdata에 저장하고, 그 btdata를 다시 모터 제어에 사용하는 코드이다. 코드가 작성되었으면, 스마트폰을 이용하여 블루투스를 연결하고 @를 채팅 창에 입력해 보자. 모터가 회전하기 시작할 것이다. 이때 @가 의미하는 것이 무엇일까? 컴퓨터는 모든 것을 숫자로 처리하고, 문자는 숫자를 맵핑하여 사용한다.

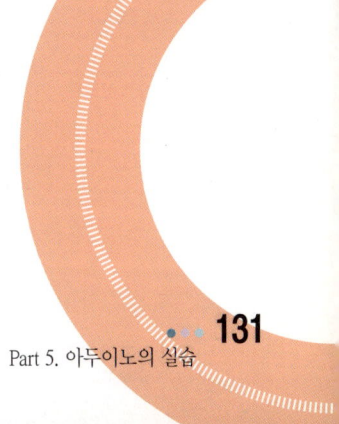

ASCII 코드표라는 글자를 맵핑하기 위한 표준 테이블이다. Decimal이라고 적힌 곳에 64번을 보자. @가 보일 것이다. 바로 십진법의 숫자 64에 @라는 글자가 맵핑되는 것이다. 만약 문자 EDU를 입력하면 컴퓨터는 69, 68, 85의 세 가지 숫자를 저장하는 것이다. 실제로 여러분이 사용하는 에듀콥터 또한 블루투스를 이용하여 이런 방식으로 숫자를 전송하여 동체를 제어한다.

ASCII TABLE

Decimal	Hex	Char	Decimal	Hex	Char	Decimal	Hex	Char	Decimal	Hex	Char
0	0	[NULL]	32	20	[SPACE]	64	40	@	96	60	`
1	1	[START OF HEADING]	33	21	!	65	41	A	97	61	a
2	2	[START OF TEXT]	34	22	"	66	42	B	98	62	b
3	3	[END OF TEXT]	35	23	#	67	43	C	99	63	c
4	4	[END OF TRANSMISSION]	36	24	$	68	44	D	100	64	d
5	5	[ENQUIRY]	37	25	%	69	45	E	101	65	e
6	6	[ACKNOWLEDGE]	38	26	&	70	46	F	102	66	f
7	7	[BELL]	39	27	'	71	47	G	103	67	g
8	8	[BACKSPACE]	40	28	(	72	48	H	104	68	h
9	9	[HORIZONTAL TAB]	41	29	)	73	49	I	105	69	i
10	A	[LINE FEED]	42	2A	*	74	4A	J	106	6A	j
11	B	[VERTICAL TAB]	43	2B	+	75	4B	K	107	6B	k
12	C	[FORM FEED]	44	2C	,	76	4C	L	108	6C	l
13	D	[CARRIAGE RETURN]	45	2D	-	77	4D	M	109	6D	m
14	E	[SHIFT OUT]	46	2E	.	78	4E	N	110	6E	n
15	F	[SHIFT IN]	47	2F	/	79	4F	O	111	6F	o
16	10	[DATA LINK ESCAPE]	48	30	0	80	50	P	112	70	p
17	11	[DEVICE CONTROL 1]	49	31	1	81	51	Q	113	71	q
18	12	[DEVICE CONTROL 2]	50	32	2	82	52	R	114	72	r
19	13	[DEVICE CONTROL 3]	51	33	3	83	53	S	115	73	s
20	14	[DEVICE CONTROL 4]	52	34	4	84	54	T	116	74	t
21	15	[NEGATIVE ACKNOWLEDGE]	53	35	5	85	55	U	117	75	u
22	16	[SYNCHRONOUS IDLE]	54	36	6	86	56	V	118	76	v
23	17	[ENG OF TRANS. BLOCK]	55	37	7	87	57	W	119	77	w
24	18	[CANCEL]	56	38	8	88	58	X	120	78	x
25	19	[END OF MEDIUM]	57	39	9	89	59	Y	121	79	y
26	1A	[SUBSTITUTE]	58	3A	:	90	5A	Z	122	7A	z
27	1B	[ESCAPE]	59	3B	;	91	5B	[	123	7B	{
28	1C	[FILE SEPARATOR]	60	3C	<	92	5C	\	124	7C		
29	1D	[GROUP SEPARATOR]	61	3D	=	93	5D	]	125	7D	}
30	1E	[RECORD SEPARATOR]	62	3E	>	94	5E	^	126	7E	~
31	1F	[UNIT SEPARATOR]	63	3F	?	95	5F	_	127	7F	[DEL]

ASCII 코드표

이제 MPU6050_raw 프로젝트에 다음 코드를 삽입해 보자.

```
#include <SoftwareSerial.h>

SoftwareSerial bluetooth(7, 4); // RX, TX
```

```
char btdata;

void setup( ) {
    bluetooth.begin(38400);
}
```

그리고 loop()문 안의 Serial을 다음과 같이 bluetooth로 전부 바꾸어 준다.

```
void loop( ) { // run over and over
    Serial.print("Degree : ");   //를 아래와 같이 수정
    bluetooth.write(degree);
}
```

그 후 스마트폰과 에듀콥터 보드를 블루투스를 통해 연결하자(스마트폰은 블루투스 채팅 앱을 이용). 그럼 기울기로 모터를 제어하는 것과 동시에 기울기의 값이 블루투스 채팅 앱에 표시되는 것을 확인할 수 있을 것이다.

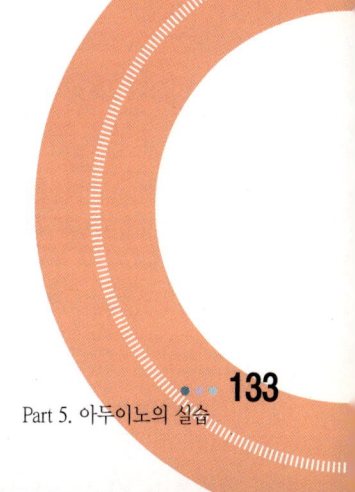

이제 실제로 사용하는 에듀콥터 조종기 앱을 이용하면, 다음의 실행 화면이 나타난다.

▷ 조종기 앱 실행 화면

에듀콥터는 조종기 앱에서 총 8바이트의 신호를 수신하여 제어를 한다. 이때 수신되는 패킷은 다음의 형태를 가진다.

▷ 조종 신호(프레임)의 구성

맨 처음 패킷 시작 문자열로 숫자 201을 1바이트 보내고 그 다음 기본 제어 신호를 축별 1바이트씩 총 4바이트, 트림 신호를 피치 롤에 따라 1바이트씩 2바이트를 전송한다. 그리고 패킷 종료 문자열을 202라는 숫자로 전송한다. 이를 수신하는 코드를 작성해 보자. 아까 작성하였던 블루투스를 이용해 컴퓨터와 스마트폰 간에 채팅을 하던 코드를 다음과 같이 수정해 보자(붉은색이 수정된 코드).

코드 수정이 끝났으면 업로드하고 시리얼 모니터를 실행해 보자. 그 후 조종기 애플리케이션을 실행하고 에듀콥터 보드와 연결하면, 조종 신호가 패킷 단위로 수신되는 것을 볼 수 있을 것이다.

시리얼 모니터가 아닌 ComPortMaster과 같이 16진수로 값을 띄워 주는 시리얼 프로그램을 사용할 경우 다음의 결과값을 볼 수 있다.

SoftwareSerial bluetooth(7, 4) 구문을 보자.

```
#include <SoftwareSerial.h>

SoftwareSerial bluetooth(7, 4); // RX, TX

int i;
char btdata[8];

void setup( ) {
Serial.begin(38400);
bluetooth.begin(38400);

Serial.println("Bluetooth Connected");
}

void loop() { // run over and over
if (bluetooth.available()>=8)
{
  for(i=0;i<8;i++)
  {
    btdata[i] = bluetooth.read();
    Serial.print(btdata[i]);
  }
Serial.println();
}
}
```

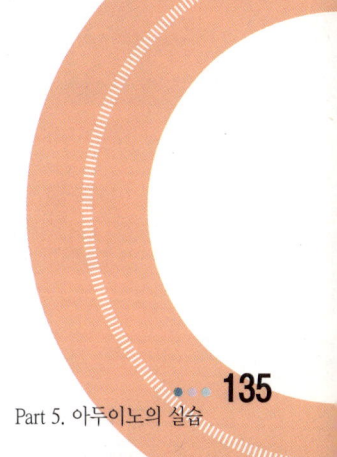

이 구문은 시리얼 포트로 bluetooth를 이용하겠다는 의미이다. 이때 (7,4)는 D7번 핀을 블루투스의 RX로, D4번 핀을 블루투스의 TX로 사용하겠다는 의미이다. 계속해서 bluetooth라는 이름으로 핀 번호를 대체한다. 다음의 setup 함수 내부 코드는 '시리얼 통신을 이용한 블루투스 실습(116p)' 챕터를 참고하자.

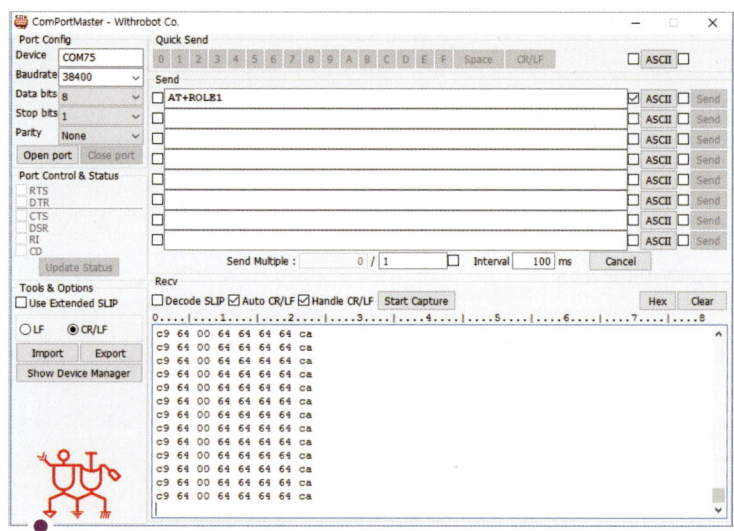

16진수로 받은 패킷 데이터

if 구문은 의미 그대로 '만약 소괄호 안의 문장이 참이라면'이다. 즉 소괄호 안의 문장이 참이라면 대괄호 안의 내용을 실행하고, 그렇지 않다면 생략하고 넘어가라는 의미이다. 예시에서는 만약 bluetooth로부터 수신된 데이터가 8바이트를 넘을 경우 대괄호 안의 문장을 실행시키라는 의미이다.

if 조건문의 대괄호 안에 포함된 for문은 조건문으로, 총 3개의 조건이 필요하다. 그 조건들은 괄호 안에 포함된다. 예시의 18번째 라인에 for문이 있는 것을 볼 수 있다. 바로 뒤에 소괄호가 보일 것이다. 소괄호 안에는 세미콜론(;)으로 구분되는 문장 3개가 포함된다. for(i=0;i<8;i++)에서 i=0은 for문이 실행될 때 초기화하는 구문이며, i<8은 for문이 i<8일 때 계속 반복하라는 것이다. 그 다음 i++는 for문이 실행될 때마다 같이 실행되는 조건이다. 즉 for문은 처음 실행 시 i를 0으로 초기화하고, 구문이 1회 반복할 때마다 i를 1씩 증가시키며 i<8인 조건에서 반복적으로 실행되는 것(for()문 이하 대괄호에 포함된 내용을 8회 반복 실행하는 것)이다.

이제 for문 내의 반복되는 구문을 보자. 반복되는 구문에서는 read와 print를 볼 수 있다. 이 함수들은 UART를 통해서 문자를 읽어 들이거나 쓰는 역할을 한다. 각각의 앞은 어느 경로를 통해서 read와 print를 할 것인지를 알려주는 것이다. 즉 bluetooth.print()라고 작성한 경우 블루투스를 통해서 문자를 출력하고, Serial.read()라고 작성한 경우 PC와의 통신을 통해서 문자를 읽어 들이는 것이다. println의 경우 print와 기본 작동은 같지만 문자열을 전송하고 한 줄 띄어쓰기를 추가로 보내라는 함수이다.

【 조건문과 반복문에 쓰이는 함수 】

1. while 문
   ① 의미
      while(조건)의 형태로 조건이 참일 경우 반복, 조건이 거짓일 경우 종료. 초기 조건이 거짓일 경우 1회도 실행되지 않고 종료됨.

   ② 사용법
      do while 문 : do while(조건)의 형태로 while과 같으나 먼저 1회 실행 후 반복 혹은 종료. 초기 조건이 거짓이라도 1회는 실행됨.

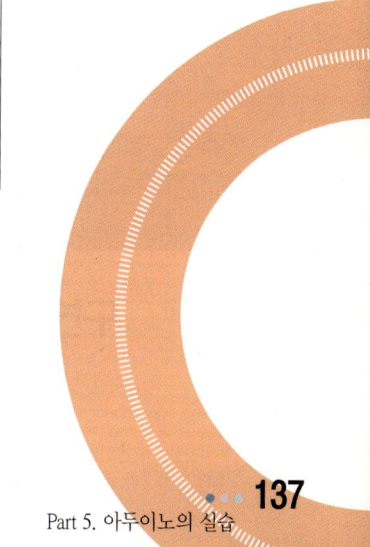

2. switch 문
   ① 의미

   switch 뒤에 소괄호 내의 정수의 값을 보고 그 정수값을 가지는 case 항목을 실행

   switch (i) {
   case 1 : 실행문; break;
   case 2 : 실행문; break;
   case 3 : 실행문; break;
   case 4 : 실행문; break;
   default : 실행문 : break;
   }

   ② 사용법

   switch (정수) {
     case 상수 : 실행문; break;
     case 상수 : 실행문; break;
     case 상수 : 실행문; break;
     case 상수 : 실행문; break;

     default : 실행문; break;
   }

   - 만약 i가 3일 경우 case 3 다음의 실행문이 실행된다.
   - 만약 i가 1~4 중에 없을 경우 default 구문이 실행된다.

Chapter 5
드론 비행 프로그램의 업로드

이제 드론용 소프트웨어를 아두이노에 직접 올려 보자. 전체 프로그램은 주식회사 에어로다인 홈페이지 www.aerodyn.co.kr에서 다운받을 수 있다. 일단 홈페이지에 접속한 뒤, 탭에서 [다운로드]를 클릭하자. 다운로드 탭에서 [교육용 에듀콥터 코드]를 검색하여 다운받아 압축을 풀면 8개의 파일이 보일 것이다. AHRS 2개, Bluetooth 2개, Educopter_Flight_Software, Parameter, PID 2개로 구성되어 있다.

AHRS는 앞서 배운 Attitude and Heading Reference System의 약자로 모션 센서에서 데이터를 받아서 연산을 하고, 동체의 기울기 등을 계산해 내는 함수를 포함하는 파일이다. Bluetooth는 말 그대로 블루투스로 조종기 신호를 수신하고, 조종 신호를 해석하는 역할을 한다. 대부분의 함수는 앞서 실습하였던 블루투스 예제와 겹친다. PID는 P : Proportional(비례), I : Integral(적분), D : Differential(미분) 제어기 코드로 동체를 어떻게 제어해야 하는지에 대한 알고리즘이 포함되어 있다. 각 파일은 [.h]와 [.cpp]의 확장자로 되어 있는데, [.h]는 각 함수의 이름과 함수에 사용될 변수값을 포함하고 [.cpp]는 함수의 알고리즘을 포함한다.

남은 두 파일은 [Educopter_Flight_Software.ino] 파일과 [Parameter.h] 파일이다. 먼저 [Parameter.h] 파일은 여러분이 프로그램을 설정하기 위해 필요한 파라미터(매개 변수)가 포함되어 있다. 이 값들과 일반 변수와의 차이점은 일반 변수는 프로그램이 실행되는 도중 값을 계속 갱신할 수 있지만, 매개 변수는 처음 프로그램을 짤 때 설정한 값이 바뀌지 않고 계속 사용된다는 것이다. 즉 여러분이 프로그래밍을 하면서 설정하는 인자값이다. [Educopter_Flight_Software.ino]는 메인 프로그램으로, AHRS와 블루투스, PID를 어떤 순서도에 따라 실행시키는지, 그리고 AHRS의 연산 결과와 블루투스의 조종기 신호값을 PID 제어기로 넘겨주고 PID 제어기의 출력을 다시 모터에 전달해 주는 프로그램이다. 차를 예로 들면 엔진, 바퀴, 유리, 차체 등이 각각 있는데 메인 프로그램에서 조립해서 자동차로 작동하게 만드는 원리이다.

Part 6

에듀콥터로 비행 즐기기

드론 조종하기

이제 조종 애플리케이션을 통해 에듀콥터를 조종해 보자. 드론의 조종기는 총 4종류가 있다. Mode 1부터 Mode 4까지 있는데, 주로 Mode 1과 Mode 2를 사용한다. Mode 1의 경우 드론보다는 RC 비행기 등에 특화된 조종기이고, Mode 2의 경우 드론의 조종에 매우 편한 조종기이다.

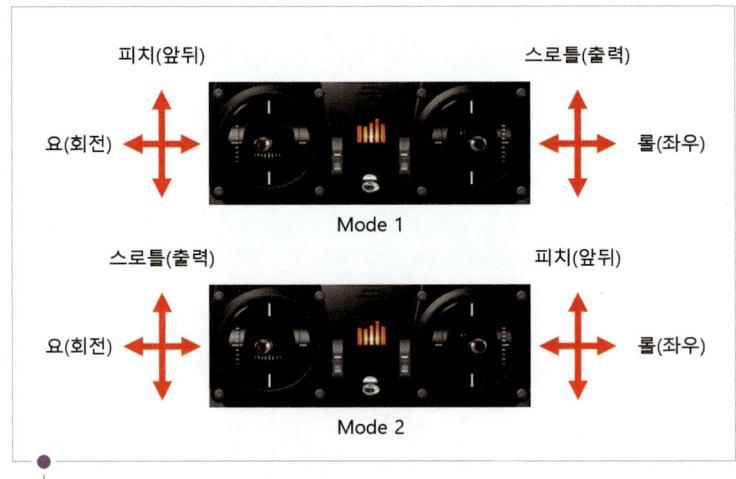

└ 조종기의 Mode에 따른 조종법 비교

Mode 1과 Mode 2 조종기의 차이점이 보이는가? 두 조종기는 양쪽의 Y축 조종기가 바뀐 것이다. 피치, 요, 스로틀, 롤은 조종기에 따라 드론이 움직이는 방향을 나타낸다.

피치는 전진 · 후진, 롤은 좌측 · 우측 이동, 요는 제자리 회전이다. 스로틀은 바로 전체 출력을 제어하여 스로틀을 높이면 모터의 전체 출력이 높아져 상승하게 되고, 스로틀을 가장 아래까지 내리면 모터가 정지한다.

에듀콥터로 비행 즐기기

에듀콥터 조립하기

● 구성품 확인

- 에듀콥터 FCU 보드
- M2×16 둥근머리볼트 4개
- M2×10 둥근머리볼트 4개
- M2 너트 8개
- CL-0820-14KV 모터 4개(흰검/빨파 각각 2개)
- 프로펠러 4개(A타입 : 시계 방향 / B타입 : 반시계 방향 각 2개)
- 메인프레임×1개
- 배터리 홀더×1개
- 모터 마운트×4개
- FCU 스페이서×4개
- Li-po 1S 3.7v 400mAh 25C 배터리×1개
- 드라이버 1개

1 M2×16 볼트를 비행 제어 유닛에 삽입한 후 아랫면(모터 커넥터가 없는 방향)에 스페이서(서포터)를 삽입해 줍니다.

Part 6. 에듀콥터로 비행 즐기기

2 비행 제어 유닛의 네 모서리에 위치한 마운팅 홀에 모두 1번과 같이 볼트와 서포터를 결합합니다. **이때, USB 포트가 있는 부분이 앞쪽(길이가 긴 방향)을 향하도록 부착합니다.**

3 배터리 홀더와 프레임을 관통한 나사 구멍을 맞춘 후 볼트를 체결하여 단단하게 결합합니다. **이때, 배터리 홀더의 앞쪽(넓게 공간이 뚫려 있는 부분)이 FCU의 앞쪽(USB 포트가 있는 부분)을 향하도록 합니다.**

4 모터와 모터 마운트를 위와 같이 결합하고, **모터 샤프트는 매우 약하므로 직접 만지지 않도록 합니다.**

5 모터 마운트와 결합한 모터를 동체에 결합한 후 M2×10 볼트를 위에서 아래로 삽입한 후 너트로 단단하게 결합합니다. 나머지 세 마운트도 동일하게 결합합니다. **빨간색, 파란색 선으로 이루어진 모터는 제품의 전면**(USB 포트가 있는 부분)**에 결합하고 검은색, 흰색 선으로 이루어진 모터는 제품의 뒷면**(USB 포트가 없는 부분)**에 위치시킵니다.**

6 A 방향 프로펠러와 B 방향 프로펠러를 각각의 모터에 결합합니다.

7 배터리를 삽입한 후 전원 케이블을 연결해 줍니다. 이때, 과도한 힘을 가하지 않도록 주의합니다.

열심히 비행 실습하기

Part 6. 에듀콥터로 비행 즐기기

끝맺는 말

최초의 스마트폰은 일반적인 휴대폰에 비해 다양한 기능을 내장하였지만 비싼 가격과 커다란 크기, 그리고 한정된 응용 방식으로 인해 가볍고 저렴하며 다양한 기능을 수행할 수 있는 스마트폰이 나오기까지는 거의 사용되지 않았다. 마찬가지로 기존의 군 혹은 정부 기관, 대형 회사에서 사용하던 비싸고 한정된 기능을 가진 드론이 눈부신 기술 발전으로 인해 가격이 저렴해지고 다양한 임무를 수행할 수 있도록 발전을 거듭하고 있다. 따라서 드론은 머지않아 자동차와 같이 일상생활에서 뗄 수 없는 중요한 역할을 담당할 것이다. 드론은 물품 운송, 의약품 운송, 우편물 운송, 교통 관제, 시설물 관리, 화재 및 산불 감시, 해안 감시 등 경제·군사·사회·산업 등 우리 생활의 전반적인 면에 활용될 수 있다. 또 드론의 한계로 꼽히는 체공 시간과 통신 거리를 해결하게 된다면 산업 혁명과 같은 새로운 혁신을 이끌어 낼 수 있다.

하지만 드론 산업은 컴퓨터 공학, 기계 공학, 제어 공학, 항공 우주 공학, 전자 공학을 모두 활용하는 기술 집약적 산업이므로 장기간에 걸친

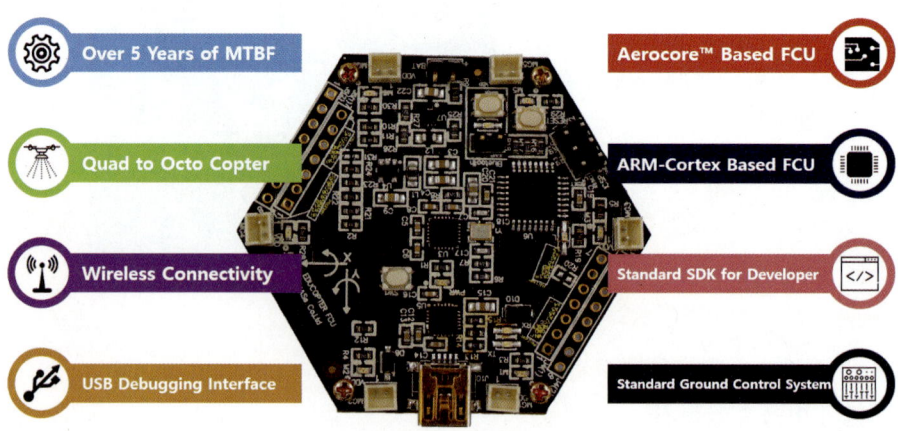

꾸준한 연구와 투자를 필요로 한다. 기체의 골격을 설계하고 강도를 계산하는 데 사용되는 재료 공학부터 현재 위치로부터 목표 지점까지의 최적 경로를 실시간으로 계산하여 드론을 움직이는 고급 자동 제어 기술까지 모두 기초적인 과학 법칙으로부터 시작한다. 따라서 드론을 제작하기 위한 원천 기술의 확보가 매우 중요하며 이를 위하여 정부의 정책적 지원, 기업의 기술 개발 의지, 엔지니어 개인의 과학적 소양 확보 등이 필요하다.

　　우리나라의 무인 항공기 기술력은 미국, 일본, 유럽, 중국에 이어 전 세계적으로 약 7위 정도다. 따라서 우리나라는 언제든지 무인 항공기 산업을 주력 산업으로 내세울 수 있는 것이다. 최근 주목 받는 상업용 드론은 단연 헬리캠이라고 할 수 있다. 기존의 값비싼 항공 촬영을 저렴하고 손쉽게 할 수 있을 뿐만 아니라 다양한 각도에서 다양한 장면을 촬영할 수 있어 방송용 및 영화용으로 널리 사용되고 있다. 미국의 CNN과 같은 주요 방송사도 네팔 지진 현장, 터키 반정부 시위 등을 보도함에 있어 안전하고 다양한 각도의 장면을 드론 촬영하고 있다. 이외에도 공중에서 지형을 측량을 하거나 기상 정보를 수집하는 등의 다양한 임무를 수행할 수 있다. 따라서 드론 본체의 기술과 함께 소형 드론에 장착되는 기기의 개발 또한 가속화되고 있다.

멋진 항공 촬영을 가능하게 한 헬리캠

카메라를 이용한 서비스 이외에도 공중을 빠르고 자유롭게 움직일 수 있는 드론의 특성을 활용한 소형 택배 배달, 의약품 배달과 같은 주목받는 서비스도 있다. 또한 드론 본체에 농약 살포기를 부착하여 농업 현장에서 이용할 수 있고 공중에서 작황 상태를 촬영 및 분석하여 농산품의 생산량 증대에도 기여할 수 있다. 과학 분야에서도 드론을 적극적으로 이용할 수 있다. 화산 지형이나 남극 등 사람이 직접 연구 활동을 하거나 관찰하기에 위험한 지역을 쉽고 빠르고 안전하게 조사할 수 있으며 해양 생태계·섬이나 오지의 생태계 조사 등과 같이 생물학계에서도 사용할 수 있다.

CNN이 드론으로 촬영한 네팔 대지진 현장

드론으로 촬영한 난민촌

끝으로 드론은 현재 인류의 꿈과 이상을 실현할 수 있는 최고의 발명품이라고 할 수 있다. 우리는 드론을 활용하여 수만 가지 일을 할 수 있고 다양한 부가 가치를 창출할 수 있으며 인류의 미래를 개척할 수 있다. 그 예로서 NASA가 추진하는 화성 탐사용 무인 항공기를 들 수 있다. NASA의 무인 항공기를 이용한 무인 화성 탐사는 인류의 우주 탐사 역사상 최초로 지표면에서 작동하는 무인 자율 이동 비행체가 될 것으로 보인다. 기존의 지상 주행형 로버와는 달리 빠른 속도로 지표면을 이동할 수 있으며 수직 이착륙이 가능하여 탐사가 필요한 지역에서는 언제든지 착륙하여 탐사 활동을 할 수 있다.

　이와 같이 우리는 드론을 다양한 방향으로 이용할 수 있다. 이를 위해서는 드론의 짧은 체공 시간, 운용 반경을 비롯하여 사용 법규와 드론 조종사의 교육 등과 같이 현실적이고 실질적인 문제를 서둘러 해결해야만 할 것이다.

NASA 산하 연구소인 제트 추진 연구소(JPL)가 공개한 화성 탐사용 드론

크라운출판사 ICT 도서 안내

주해종·김혜선·김형로 공저
정가 25,000원

첨단 ICT 융합시대의 빅데이터 기술 분석서

1. 다양한 종류의 대규모 데이터를 생성, 수집, 분석, 표현하는 빅데이터 기술 소개
2. 현대사회를 더욱 정확하게 예측하여 개인화된 현대 사회 구성원에게 맞춤형 정보를 제공

I/O 편집부 저 / 엄예선 역
정가 15,000원

4차 산업의 총아 인공지능

1. 빅데이터 활용을 총괄하는 인공지능 연구
2. 인공지능의 역사, 정의, 활용 소개

원종서 · 이원석 · 허상훈 · 유후용 공저
정가 20,000원

가상 · 증강 현실을 활용한 구체적 사업화 전략과 풍부한 실제 사례를 담다

1. 산업 분야별 활용 사례를 담고, 사업 기획부터 개발, 업무 구현까지 전 프로세스를 체계적이고 명쾌하게 정리
2. 가상 · 증강 현실 기술 및 콘텐츠 설계 메커니즘 수록

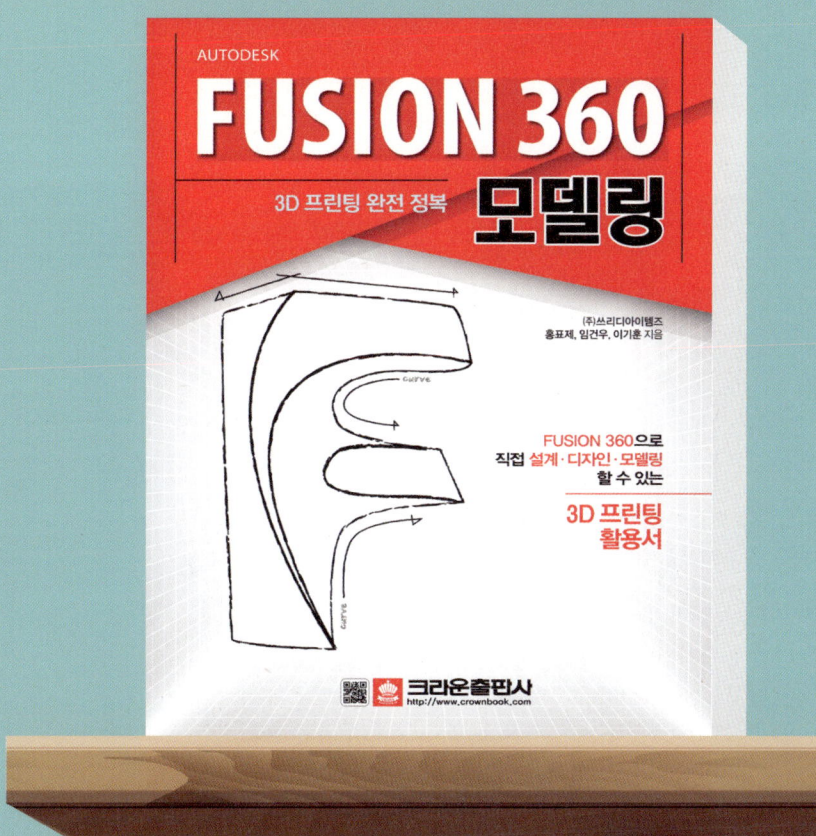

홍표제 · 임건우 · 이기훈 공저
정가 26,000원

FUSION 360 작업 환경의 다양한 예제를 통한 3D 프린팅 완전 정복

1. Fusion 360으로 직접 설계·디자인·모델링 할 수 있도록 한 3D 프린팅 활용서
2. 3D 프린팅 동향, 모델링, 스캐닝 등 전문지식 수록

무인 항공기 드론, 아두이노를 만나다

발 행 일 2018년 4월 10일 개정판 1쇄 발행
2019년 1월 10일 개정판 2쇄 발행

저 자 신재관 · 정성욱

발 행 처 크라운출판사
http://www.crownbook.com

발 행 인 이상원
신고번호 제 300-2007-143호
주 소 서울시 종로구 율곡로13길 21
대표전화 02)745-0311~3
팩 스 02)765-3232
홈페이지 www.crownbook.com
ISBN 978-89-406-3574-2 / 03550

특별판매정가 18,000원

이 도서의 판권은 크라운출판사에 있으며, 수록된 내용은 무단으로 복제, 변형하여 사용할 수 없습니다.
Copyright CROWN, ⓒ 2019 Printed in Korea

이 도서의 문의를 편집부(02-6430-7012)로 연락주시면 친절하게 응답해 드립니다.